图说名人

《图说名人》编委会 编著

林肯

解放者

ABRAHAM LINCOLN

Jiefangzhe

图书在版编目（CIP）数据

解放者——林肯 /《图说名人》编委会编著. -- 海口：南海出版公司，2015.9（2024.8重印）
ISBN 978-7-5442-7974-1

Ⅰ．①解… Ⅱ．①图… Ⅲ．①林肯，A.（1809～1865）-传记 Ⅳ．①K837.127=41

中国版本图书馆CIP数据核字（2015）第204909号

JIEFANGZHE——LINKEN

解放者——林肯

编　　著	《图说名人》编委会
责任编辑	张蕾
出版发行	南海出版公司　电话：（0898）66568511（出版）
	（0898）65350227（发行）
社　　址	海南省海口市海秀中路51号星华大厦五楼　　邮编：570206
电子信箱	nhpublishing@163.com
经　　销	新华书店
印　　刷	天津旭丰源印刷有限公司
开　　本	787毫米×1092毫米　1/16
印　　张	7
字　　数	80千
版　　次	2015年12月第1版　2024年8月第3次印刷
书　　号	ISBN 978-7-5442-7974-1
定　　价	36.00元

南海版图书　版权所有　盗版必究

前言 TUSHUOMINGREN

亚伯拉罕·林肯（Abraham Lincoln，1809—1865），美国第十六任总统。林肯是美国伟大的民主主义政治家，也是世界历史上最伟大的人物之一，他拯救了美国联邦政府，维护了国家统一，废除了奴隶制。

1809年2月12日，林肯出生于肯塔基州的哈丁县。父母是社会底层人士，是具有勤劳、俭朴、谦虚和诚恳品格的英国移民后裔。1816年，林肯全家迁至印第安纳州西南部，以种田和打猎为生。

林肯九岁时，其母亲去世。一年后，父亲与一位寡妇结婚。继母慈祥勤劳，一家人生活得和睦幸福。林肯自幼学习刻苦，为人善良，他很小就参加工作，做事谨慎坚定，这种品格也是他走向政坛的基础。

林肯说："我一生中进学校的时间，加在一起总共不到一年。"但他勤奋好学，一有机会就向别人请教。他抓紧一切空闲时间刻苦自学，攻读历史、文学、哲学、法学等方面的著作，获得了丰富的知识。

林肯反对黑人奴隶制，领导了继独立战争之后的美国第二次资产阶级革命——美国南北战争，林肯因此被认为是美国解放黑人奴隶的救世主。战争初期的妥协政策一度造成北方失利，林肯在人民的推动下颁布《宅地法》和《解放黑人奴隶宣言》，解决了当时美国社会经济、政治生活中存在的主要矛盾，从而扭转了时局，促使北方最终取胜。1865年4月14日晚，他在华盛顿福特剧院观剧时突然遭到反对者的枪击，次日清晨与世长辞。

林肯为人正直、仁慈和坚强，人们深深地怀念他。他一直是美国历史上最受人景仰的总统之一。他那敏锐的洞察力和深厚的人道主义意识，使他成为美国历史上最伟大的总统之一。

目录

CONTENTS

 ## 拓荒者的脚步

7

追求自由的天地 / 1
不断地向西前进 / 5
勤奋的开拓者 / 9
森林里的学校 / 15
母亲去世 / 17
天使般的母亲 / 22

 ## 小木屋的少年

25

迈入新生活 / 25
旺盛的求知欲 / 29
船夫生涯 / 32
奴隶市场 / 40

爱与正义的斗士

正人君子 / 43
邮政局长兼测量师 / 47
四度竞选州议员 / 52
邂逅玛莉·特多小姐 / 54
乡下律师 / 58
废止奴隶制运动 / 65
汤姆叔叔的故事 / 68

入主白宫

两度落选 / 73
历史性的论战 / 76
提名竞选总统 / 81
当选总统 / 85
暗杀计划 / 88
格兰特将军 / 91
《解放黑人奴隶宣言》/ 93
他属于一切时代 / 102

拓荒者的脚步

追求自由的天地

美国的东部，濒临大西洋，包括弗吉尼亚州及宾夕法尼亚州等在内，早在北美十三州仍为英国殖民地时，就有许多来自欧洲的移民，在此开垦。

这块平原的西侧，是东北—西南走向的阿利根尼山脉。它虽然称不上是高山，但山脉的东侧却以险峻、景色宜人而闻名遐迩。山脉的西侧有一片辽阔的高原，一直延伸到密西西比河的大平原，此地就是肯塔基州。

19世纪初期，在这个州的东方内陆，有一个叫作"哈丁"的县，虽然称之为县，但只不过比一

※密西西比河

◇ 图 说 名 人 ◇

名人名言

我不一定会胜利，但定会真诚行事。我不一定会成功，但会保持一贯的信念。我会与任何正直的人并肩而立。他对的时候，我会给予支持；他错的时候，我肯定会离他而去。

——林肯

※林肯像

般村落稍微热闹一点而已。在这个县附近，有一片辽阔的原始森林。住在这里的人大部分务农，其中的许多商店，都贩卖杂货、农具、衣服、食品等，这些商店多数坐落于房屋稀疏的路旁。

早期的移民，砍伐原始森林，并将其开垦成小块的耕地，过着孤寂的生活。后来，因为移民数量不断增加，所以这里不仅设立了学校，而且建造了简陋的教堂。

每逢礼拜天，人们都会前往教堂听牧师布道。

当时的学校并未受到大多数人的重视，为了让孩子帮家里做农事，大人们往往不让孩子上学，何况大部分的孩子也不喜欢读书。

亚伯拉罕·林肯1809年2月就诞生于哈丁县附近叫诺林克里克的开垦地，而且是在一间称不上是"家"的破陋小屋内呱呱坠地的。

从林肯的画像上，我们可以发现，他有着极为削长的面孔，额头上刻有深深的皱纹，仿佛饱经沧桑。他的眼神，看起来有点孤独，不过嘴边却经常浮现温和的微笑。

他丝毫没有官架子，就像那些在田里工作的农夫一样，慈祥而朴实。

林肯身材魁梧，腕力强劲，和一般干粗活的人一样，手特别大，所有与他握过手的人，都会对他那强有力的手留下深刻的印象。

林肯和大多数的新大陆开拓者一样，具有不屈不挠的奋斗精神以及在艰苦环境下锻炼出来的健康体魄，所以他能在人生旅途上坚强、勇敢地向前迈进。

要叙说林肯的一生，我们就得先了解这片新大陆的历史。

林肯出生的时代，适逢美国即将步入强国之列的时代。美利坚合众国自1776年脱离英国独立以来，已经过了三十余年，它最初的版图只有今天的八分之一。

北美本是英国的殖民地，最早

的一批英国移民于1585年抵达。这已是哥伦布(1451—1506)发现新大陆(1492年)九十年以后的事情了。

率领这批移民团前来的,就是欧塔·罗里(1552—1618)。他们在现在的华盛顿南方的海岸登陆,并把这块土地命名为弗吉尼亚。可这批移民缺乏在此建立久居之地的坚强信念,最终没能建立起一个殖民地。

至于比英国人更早抵达新大陆的西班牙人和葡萄牙人,他们的情况也都是如此。

当哥伦布发现大西洋沿岸的新大陆时,西班牙一些喜欢冒险的人,纷纷横渡大西洋前来。在哥伦布发现新大陆的21年后(1513年),巴波亚(1475—1517)也横过巴拿马地峡,抵达太平洋东岸。

在同一时期,以可尔特斯为首的一群亡命之徒也凭借武力,把墨西哥犹加敦半岛的玛雅帝国歼灭了。此外,毕撒浴也征服了南美秘鲁的印加帝国。

玛雅及印加人都具有相当卓越的文化,可是葡萄牙的冒险家却蔑视这些。他们一味破坏皇宫和神殿,目的只是抢夺金银珠宝。

后来,当西班牙人知道这些国家蕴藏着丰富的银矿后,就陆续前来,驱使当地土著人大量采掘银矿,以便运回本国。因此,西班牙成为当时欧洲最富有的国家。

※林肯出生的小木屋

※伊丽莎白一世雕塑

英国是一个岛国,也是一个不畏海洋的航海民族,可是在向海外扩展势力方面,在当时却显得有些落后。直到16世纪末期,伊丽莎白一世即位之后,才开始向海外扩展。英国的海盗活跃在大西洋上,经常袭击西班牙及葡萄牙的船只,抢夺船上的金银财宝。英国也像西班牙及葡萄牙一样,想拥有广大的殖民地,然而,葡萄牙已占领东方国家,西班牙的势力则遍及中美洲及南美洲,仅剩下欧塔·罗里发现的北美洲,尚未被任何国家占领。

罗里率领的那群人,也像西班牙人一样,想寻找银矿以图一本万利。不过弗吉尼亚一带根本没有金、银矿,只有一片被原始森林覆盖的大平原。

于是,他们不得不去砍伐森林,开垦土地,然后试图栽培烟草。可是,对梦想成为暴发户的人来说,这实在是件苦差事,生病倒地的人、意志动摇的人愈来愈多,而且烟草的栽培也不顺利,所以到了第四年,就不得不放弃开拓事业了。

18年后,又有很多英国人来到弗吉尼亚,这批移民是由约翰·史密斯率领的。他们并不像过去的移民那样一心只想致富,相反,他们想在此永远定居下来。

对来自文明国家的人来说,在野兽及印第安人的威胁之下,要砍伐原始森林、开辟土地,需要相当坚强的毅力。而这些人都把遇到的困难一一克服,终于建立起一个久居之地。

解放者——林肯

不断地向西前进

开拓者的生活，可以说是坚苦卓绝。他们砍伐森林，建造简陋的圆木小屋，在已开垦的耕地上种植玉米，可是收成并不好。

男人们只要有时间，就要到森林狩猎，因为鸟和兽肉是他们最重要的食物。

无论衣服或鞋子，最初都是用兽皮自行缝制的。盘子、刀、叉等，也要自己动手制作。他们用打火石起火，然后在地炉上烹调食物。

※ 美国风光

每当棉花采收时，人们就把它纺成纱，织成布，并且用自己制造的针缝成衣服。妇女们除了要制作蜡烛及奶油外，还要腌渍肉类及饲养家畜。无论男女，都没有空闲的时间。他们如果偷懒一天，当天的生活就会成问题。

森林中有无数的鸟类和野兽，所以食物不会匮乏。偶尔，人们也会遭受熊或美洲狮等猛兽的袭击，出现人畜伤亡的事件。然而，比猛兽更可怕的，却是当地的印第安人。

早在很久以前，就有褐色皮肤的人种居住在这片辽阔的土地上，欧洲人抵达此地之后，就称这些人为印第安人。

印第安人把辽阔的森林和草原当成自己的财产，视爱好自由和平的移民为侵略者。

当移民愈来愈多、开垦的土地愈来愈广时，印第安人的生活场所也相对愈来愈小了。正如名著《摩比肯族的末日》所叙述的一样，印第安部族的生活日益艰苦，而且已逐渐被逼上绝灭之途了。

随着新英格兰、宾夕法尼亚及弗吉尼亚的开拓，来自英国本土的人愈来愈多。不仅是英国人，来自荷兰等北欧各国的移民也逐年增加，出入的船只频繁，使纽约港显得格外拥挤。

这块保持大自然原貌的新大陆，到处充满生机，到处都是等待人们前来开发的乐土。因此，向往自由天地以及因破产而无法谋生的人，都陆续渡过大西洋，来到这一片待开发的土地。

从英国人开始移民以来，大约经过130年后，纽约、波士顿及费城，都已发展成为相当繁华的城市。森林中的开拓地，已不再是荒凉的村落，除非极其贫穷的人，否则没有人肯居住圆木小屋了。此外，在弗吉尼亚栽培的烟草也获得丰收，能够运回英格兰本土贩卖了。

于是，在年轻的一辈中，产生了一股开发新土地的热潮。他们放弃已经能够生活的村落，又迁移到另一块尚未开发的土地上去。

他们想要体验祖辈们创业垦荒的生活，何况，广阔无边的大自然，总是在向年轻人招手。

这些拓荒者通常由几个家族组成一个团体（有时仅由一个家族组成），他们为了寻找新土地，会有持续半年或一年的长期旅程。

女人及小孩子都搭乘篷车，男人则骑在马背上，一边赶着数十头的牛或羊，一边由森林到草原，或者由草原到森林继续向西前进。

太阳西沉前，他们就把四五辆篷车围成圆形，将家畜包围住。在

途中捕获的火鸡、鸽子及鹿等，就是晚餐的佳肴。男人们晚上燃起熊熊的营火，担任守夜的工作。

这种旅程多半是在春天到夏天之间进行。这个时候，原野上盛开着花朵，河中也有成群的鲑鱼。

然而，目的地的情况如何，却不得而知，他们唯有继续地前进、前进。

在漫长的旅途中，一旦发现有野兽栖息的土地时，就在那儿兴建小屋，当时的那种快乐，实在是难以形容的。

像水往低处流一样，人们一窝蜂地向未开发的森林或草原扩展。目前的南北卡罗来纳州的平原，就是这些开拓者血汗的成果。

他们以人定胜天的毅力，在这片广阔无边的未开发的土地上，不断地向西前进。只要有土地就有希望，这种西进的精神，后来就汇聚成美国人民的气质，成为美国社会不断进步的原动力。

当英国移民从北美不断地向西部地区扩展之际，抵达加拿大北部的法国人，也不断地向内陆推进。

抵达加拿大的法国人多数是兽皮商人，为了收购兽皮就必须与印第安人进行交易，所以这些人也称得上是冒险家。

这些法国人大都沿着圣罗伦斯河上游前进，从而抵达五大湖区。

当时，有一位既是商人也是探险家的拉萨尔（1643—1687），横渡密西根湖，在抵达其南方的大平原时，发现了一条水源丰富的河川，于是请印第安人划船顺着河流南下。

沿途中，河面愈来愈宽，这就是流经北美中部大平原的密西西比河。

1682年，拉萨尔终于抵达河口，然后，向大家宣布："密西西比河及其支流流域，都是法国的领土。"

可是，在这块相当于整个欧洲面积的辽阔土地上，却没有一个法国人定居。换句话说，只有拉萨尔知道这条密西西比河而已。这一片土地与严寒的加拿大不同，很适合耕作，就这样，这片土地变成法国的领地了。

接着，那些收购兽皮的法国商人，一窝蜂地前来，不到三十年时间，就在今日的新奥尔良聚居起来。

在北美，法国人利用印第安人去骚扰英国的殖民地，其中受害最大的，就是靠近五大湖区的弗吉尼亚殖民地。

开拓者们都团结一致，以枪代替锄头，一再地与法军作战，终于在1754年阻挡住法军的入侵。换句话说，殖民地的人虽没有本国军队

※印第安人服饰

的支援，却仍能固守自己的土地。

这个时候，来自英国的殖民地人口已超过两百万，这距离约翰·史密斯带领移民开拓之时，只有150年的时间而已。

当时，东部的平原依旧被一片原始森林覆盖着，传说在阿利根尼山的那边，仅有一块辽阔的土地。

1770年，有一个人独自前往阿利根尼山探险，他就是美国开拓英雄之一丹尼尔（1734—1820）。

据说，当年丹尼尔在山那边的肯塔基高原上，曾发现数万头的野牛群，并为此胆战心惊。

后来，殖民地虽然已经独立了，可是这一带仍属于野兽的天下。

这些荒僻而肥沃的土地确实是拓荒者的天地，这里只要两美元就能买到一英亩土地。拓荒之路是艰辛的，却是充满诱惑力的。越来越多的移民沿着俄亥俄河流域涌向西部，以每英亩两美元的价格获得土地，然后用汗水将它们开垦成肥沃的耕地。小林肯一家的生活经历就是这些拓荒者家庭的一个缩影。生活给了他们艰辛和痛苦，也给了他们无穷的勇气和毅力。

解放者——林肯

勤奋的开拓者

肯塔基于1792年正式成为美国的一个州。约十年后,有一位贫穷的年轻人,从弗吉尼亚移居到肯塔基的开拓地来开垦。这个年轻人身材魁梧、强劲有力,而且非常勤勉,工作量比一般人多两三倍,他就在这一片旷野中开垦耕地。

这位年轻人名叫汤姆士·林肯,大家都称呼他为汤姆。他是一位沉默寡言的人,似乎不善于和人交往,不过他有一颗善良的心,当地如果有人生病,他一定会前往慰问。

※美国西部曾是冒险者的乐园

汤姆7岁时就失去了父亲，后来，曾受雇于农家，也学过木工。他为人正直，做事光明磊落，所以深受赞扬。

1798年，年满20岁时，他改变了初衷，放弃木匠的工作，用自己储蓄的钱在伊丽莎白城附近购买了土地，努力开垦。

这些拓荒的人，根本没有什么娱乐，不是开垦田地，就是饲养家畜或到森林狩猎，每天过着同样的单调生活。如果酷热的夏天久不下雨，土地就会干裂，农作物就会枯黄。遇到这种情况，就要把水桶放在马背上，到遥远的河边去汲水，整天都在河川和田地之间来回奔波。虽然人和马都为此疲惫不堪，可是农作物依旧日渐枯萎下去。

有时候已经长得很好的农作物，会在一夜之间被野鹿践踏得乱七八糟。至于猪和牛等家畜，也经常遭受野兽的袭击。一旦遇到这种灾害，生活就会受到影响，因此有人不得不放弃自己辛苦开垦的土地，带着妻子、儿女到更遥远的农场找工作。

在这种艰苦的开垦生活里，男人们总是以喝酒来放松自己，但汤姆却滴酒不沾。

"不知道他活着有什么意义？"有人这么讥讽他。汤姆经常遭受大家的取笑，可是他毫不介意，只是拼命地工作。像这种偏僻的村落，偶尔也会有牧师前来传教，这个时候，最专心聆听布道的就是汤姆。

晚上睡觉之前，汤姆经常会回想小时候的事。他的父亲曾在一条叫作"绿川"的小河边，开垦一块相当大的土地；母亲则留在家里挤牛奶、饲养家畜、烧饭、洗衣服，晚上还要为汤姆补衣服，从早到晚，他们忙个不停。

从5岁起，汤姆就开始放羊。其实，真正在照顾羊的是狗，汤姆则整天都在草地上跑来跑去，或者用石头投掷躲在树枝上的松鼠来打发时间。

傍晚回家时，一闻到母亲所煮的汤汁的香味，就会感到饥肠辘辘。

这是一个温暖的家庭，建立这种家庭正是汤姆的最大愿望，因为这时的汤姆已经28岁了。

附近的开垦地中，有一位叫斯巴罗的人，他们夫妇俩生性极为爽朗，平常与汤姆相处得很融洽。这个家的小孩很多，显得格外热闹，每次汤姆与这些孩子玩闹时，就会产生一种如同待在自己家里的感觉。这些孩子都是由大姐南希照顾着，南希并不是斯巴罗的亲生女儿，而是由斯巴罗的妻子带过来的

解放者——林肯

孩子。因此,看起来有点孤寂冷漠的样子。

汤姆也是离开家人独自漂泊,所以他很同情南希。而南希也很爱慕诚实的汤姆。

斯巴罗先生知道了这件事情,就对汤姆说:"我相信你能够使南希幸福的。"于是他就同意他们两人结婚。

1806年,汤姆和南希举行了简单而隆重的婚礼。南希比汤姆小5岁,当时才23岁。

像汤姆这种生于开拓地、长于开拓地的人,根本不识字,但是南希不但会写信,还会看《圣经》,所以汤姆非常敬慕她。

"我不能让温柔的南希做辛苦的田地工作。"未结婚时汤姆就有这种想法。

于是,他卖掉自己开垦的土地,带着南希到城里去,自己搭建一间小屋,开了一家木匠店,他想以少年时代所学的木匠工作来发展事业。

木匠店生意兴隆,他们的生活已经比在开垦耕地时要改善得多。

※ 圣 经

※林肯出生时的小木屋内景

经过汤姆家门口的人,往往看到南希在帮汤姆刨木板、锯木头。南希是一位勤劳的女性,能与她共同生活,汤姆感到幸福无比。

一年后,他们有了一个女儿,汤姆将孩子取名为莎拉。

认识汤姆的人,根本没有想到这对勤劳的夫妇,会面临生活上的困境。汤姆只知道拼命工作,而且过于老实,有一次他受骗损失了很多金钱,以致无法在这个城市继续待下去,只好带着南希和莎拉,搬到哈丁县。

哈丁县虽然被称为"县",其实只不过是开拓地的一个中心点而已。

他们就在距离这个县约4千米的诺林克里克购买了一块土地,从事耕作。

汤姆生性乐观,他自认生下来就注定要当农夫,只要肯工作,任何困难都难不倒自己的。

汤姆经常受雇去开垦土地,偶尔也帮别人做些桌子、椅子、橱柜等本行工作。

他们的圆木小屋虽然狭窄、简陋,可是南希始终把里面整理得很干净。

从烟囱冒出的缕缕炊烟,似乎在说明屋顶下的这个家庭是美满幸福的。

前来哈丁县时,正逢苹果花盛开的季节。对勤劳的人来说,时间似乎特别短暂,转眼间,一年已经过去了,他们又在迎接新的一年了(1809年)。二月里下了几场雪,大家不得不暂时停下田里的工作。

这时,汤姆就在家里做些别人委

解放者——林肯

托的木匠工作，并尽量抽空守在南希的身边，因为她最近就将临产。

"你猜这次是生男孩还是女孩？如果是男孩子，就以父亲的名字亚伯拉罕，替他命名吧。"汤姆停下工作问南希。

2月12日的破晓时分，一个婴儿降生了。前来帮忙的邻家妇人对站在壁炉旁边焦急等待的汤姆大声说："汤姆……果真如你所愿，是一个男孩子！"

听到这个消息的汤姆，赶紧进入卧室抱起刚出生的婴儿，露出满足的微笑。

这个婴儿就是亚伯拉罕·林肯。

当时，谁能料想到这圆木小屋里的小孩，后来竟成为美国的总统及黑奴的救星呢？

尽管他们的生活并不富裕，在这个小屋内却充满着温情。

"神把世界上最美好的宝物赐给了我们！"平常沉默寡言的汤姆，端详着婴儿的脸，不禁激动地说出这句话。

年幼的姐姐莎拉，还无法清楚地叫出"亚伯拉罕"，仅以清脆、喜悦的声音说着："亚伯、亚伯！"

由于这个名字听起来很可爱，不知不觉中，连父亲、母亲及外人，都学着莎拉也叫亚伯拉罕为"亚伯"。

自亚伯拉罕出生之后，汤姆更加勤奋地工作，可是家境依然那么贫穷。

最后，汤姆决定再去寻找一块更肥沃的土地。

距离哈丁县约16千米之处，有一个叫作诺普克里克的村落，汤姆就在那里购买了一小块土地。

这里土质肥沃，农作物长得很好。两三年后，他们的生活就得到了改善。

这个时候，莎拉和亚伯拉罕都长大了。莎拉的个性与她母亲的个性很相似，是一位极有耐性的女孩，她常常帮母亲挤牛奶、纺纱、割草，而且把这些工作当作自己的分内事。

亚伯拉罕比较喜欢莎拉，几乎整天都缠着她，偶尔也帮助姐姐搬运割好的牧草或者剪羊毛。当他看到树枝上有松鼠时，就会把工作搁在一边，忙着捡石头打松鼠。他曾因不小心跌落河中，而遭到莎拉的责骂。

"这个孩子，就像耕地上的农作物一样，毕竟还是旷野中的孩子。"父亲笑着说。

然而，旷野里的杂草绝不怕日晒雨淋，亚伯拉罕的身体正如这些杂草一样。但亚伯拉罕是个沉默寡言的孩子，除了莎拉之外，他很少与人畅谈。

※草地上的松鼠

"这孩子如果太过于像我,将来一定没有出息。"父亲一边端详着亚伯拉罕,一边笑着说。

但是,亚伯拉罕并不像他父亲那样不善与人相处,他对别人的谈话,总是微笑着倾听。

诺普克里克是个偏僻的村落,只有白天才能看到热闹的场面。

此地正好位于马路的旁边,这条大马路是东西村落的交通要道,所以每天都有向西边寻找新土地的开拓者的篷车经过。其中有很多是40辆或50辆为一群的篷车队,这些人在村落歇脚时的热闹情况,简直无法形容。

这些人多半是舍弃阿利根尼山东方的老土地,其中也有远离欧洲来到北美的。他们一直向西前进,想要寻找一块适合定居的土地。总之,这些人都来自亚伯拉罕所想象不到的地方。

亚伯拉罕经常跑到篷车旁边,好奇地凝视着这些人,或者倾听他们的谈话。有时候,他根本听不懂他们在说些什么。

"有这种奇怪的事?"亚伯拉罕听着听着,渐渐地产生了疑问。

原本只知道肯塔基内陆的亚伯拉罕,终于明白这个世界的广阔,以及有使用其他语言的人。

除了移民之外,村子里常常出现骑着骏马带着骑瘦马的仆人的绅士。听母亲说,他们就是政客,目前正在巡视各个村落。

也有一些衣衫褴褛的人徒步来到村里,要求在开拓地的小屋借宿。他们大都是流浪的生意人,或是放弃土地到处为人打工的人。其中有不少人根本不想工作,只是成天酗酒。

亚伯拉罕家的小屋,偶尔也有这种外地人前来借宿。在当时,照顾旅途中有困难的人,已成为开拓地人们的惯例。

在火光熊熊燃烧的壁炉旁边,客人叙述着各地的趣事,亚伯拉罕听得津津有味。"时间不早了,赶快睡觉去吧!"直到母亲再三催促,亚伯拉罕才肯钻进被窝。其实,他仅仅是装睡而已,自始至终都在侧耳倾听。从客人的谈话中,亚伯拉罕终于明白诺普克里克及哈丁县都是属于美国的领土。

森林里的学校

亚伯拉罕的父亲经常与这些西进的移民高谈阔论，从他们口中经常冒出"自由""权利"之类的词句。当时，亚伯拉罕根本不懂其中的含义，不过他觉得这似乎是很重要的事情。

不善言辞的父亲，与这些人议论时，往往说不过他们。但是，当话题转向莎拉和亚伯拉罕时，又显得格外健谈。

父亲所谈论的，还有关于祖父的事情。由于经常听到同样的话题，莎拉和亚伯拉罕都记得很清楚。

※美国农场现在已全部实现现代化

在孤寂的小屋生活中，除了聊天之外，没有其他的娱乐。

当亚伯拉罕6岁时，诺普克里克的开垦地才设立了一所学校。

"农家子弟根本不需要求学。"

父亲极力

反对莎拉及亚伯拉罕上学。但是，母亲热切地主张孩子们至少要学会写字和识字。所以，莎拉和亚伯拉罕每天都到离家8千米远的学校去上学。

在旷野中成长的亚伯拉罕，对8千米的路程感到非常有趣。放学途中，姐弟俩经常在口袋及书包内装满树木的果实，他们准备把它们晒干，以备冬天食用。

学校里只有一间教室，老师仅有一位，学生也寥寥无几。

有着一双长腿、经常穿着鹿皮裤子的亚伯拉罕·林肯，和其他的小朋友们一起坐在课堂里。

老师把字母写在黑板上，教大家认字。接着，由老师大声宣读《独立宣言》，小朋友们就跟着一句一句朗诵。当时还没有课本，学校的老师都用这种方法来教导学生。

这所学校并非整年都上课，老师每隔两三个月必须到其他的开垦地去教书，因此只能称为巡回学校。

当亚伯拉罕学会写自己的名字时，学校的课业就结束了。因为老师必须离开这里，到别的地方去教课。

自从搬到诺普克里克之后，亚伯兰军一家人的生活有了些许的改善，但也只是比在哈丁县的时候略为好一点，他们仍然很贫穷。

亚伯拉罕一大早起来，就得到田里工作。

有一天，亚伯拉罕在播种时，忽然心血来潮，在每个小洞里都播下了两颗种子，结果田地只播了一半，就没有种子了。

极少生气的父亲，忍不住大骂："笨蛋！今年的收成只有一半了！"

祸不单行，这天夜里突然狂风大作，下起倾盆大雨，刚播好的种子，就这样被冲走了。现在连一半的收获也没有了，一家人陷入了绝境。亚伯拉罕虽然还小，但已能体会到农民靠天吃饭的辛苦命运。

虽然日子过得很艰苦，但每当父子俩拖着又脏又累的身体回到家中时，母亲早就做好了玉米汤等着他们了。

吃过晚饭以后，一家人围坐在火炉旁，知识丰富的母亲，就会讲述一些她少女时代读过的故事，以及华盛顿总统的事迹给他们听。

一听母亲讲故事，亚伯拉罕的疲劳就会被一扫而光。在这块没有书本的土地上，母亲便是亚伯拉罕的百科辞典。

母亲是个信仰虔诚的人，常常念《圣经》给孩子们听，亚伯拉罕虽然不懂其中的意思，但也记住了几句。

解放者——林肯

母亲去世

肯塔基的原野上，移民愈来愈多了。移民一多，随之也产生了许多问题，其中影响最大的，便是增加了税收。尤其是早来的移民，因为已有了收获，必须缴更多的税金。

在这样的开垦地上，土地纠纷层出不穷。亚伯拉罕的父亲流血、流汗开垦出来的土地，不知为何

※现在的俄亥俄河沿岸风光

竟变成别人的。为了这件事，他差点和对方打起官司来。

生性不爱与人争执的父亲，开始厌恶这个地方了。

就在这个时候，与肯塔基州隔邻的印第安纳州，传来了有土地出售的消息。父亲听了，相当心动。这年，亚伯拉罕正好7岁。

父亲一连好几天都到山上去砍树，锯成木板，然后又花了好几天的工夫做成一艘平底小船。当时，亚伯拉罕一心一意只想坐船去玩，所以每天都很勤快地去帮忙。

但是到最后，亚伯拉罕还是没能坐上船。小船做好之后，父亲立刻载着粮食和行李，顺着河流出发了。

顺着诺普河而下，可以抵达州界的俄亥俄河。亚伯拉罕的父亲打算顺着俄亥俄河到印第安纳州去。

几天之后，父亲回来了。但是他并没有坐着船回来，而是徒步回来的。

"我找到一块很大的土地。"

当父亲这样宣布时，亚伯拉罕的心思仍然放在那艘小船上。

"爸爸，船呢？"

"中途翻了。"

父亲轻描淡写地掩饰了这件不幸的事，但是对亚伯拉罕来说，坐着船去游玩是他盼望已久的事，现在船没有了，他真是失望极了！

不久之后，他们收拾行李，准备搬家。穷人的家根本没有什么家具，几只锅、几件餐具，加上一些衣服，就是全部的行李了。像他们这么贫穷的移民，连马车都没有。

父亲和亚伯拉罕共骑一匹马，母亲和莎拉则骑上另外一匹，几只猪、牛和羊，就由牧羊犬赶着跟在后面。

一望无际的原野，并不如想象中那么平坦，他们必须经过车马走不过去的密林、水淹到马腹的河流，以及又斜又陡的山坡。遇到陡坡时，父亲和亚伯拉罕便下马，父子俩拉着妈妈和莎拉的马往上爬。

太阳下山后，四个人便露宿在荒野中，周围不时传来猫头鹰的叫声。有时睡到半夜，会被野兽凄厉的吼声惊醒。

当时的印第安纳州，还是个人烟稀少的地方。一家四个人沿着俄亥俄河的河岸走了好几天，终于来到了目的地。

的确，这里正如父亲所说的，是块好地方，每个丘陵上都是青翠的森林，山谷之间有碧绿的小溪，称得上是青山绿水。

父亲选了一处树木比较稀少的地方，砍伐木材，搭建了一座圆木小屋。

刚住进去没多久，天空上移动

解放者——林肯

※印第安纳州州旗

的黑云在一天天地加重，这是冬天即将来临的前兆。

在这深秋时分，冷风不断地穿过木墙的空隙吹进来，人根本无法入睡。父亲和亚伯拉罕必须把落叶塞在空隙里，上面再敷上泥土，才能勉强挡住那刺骨的寒风。

不到一个月，就开始下雪了。

父亲每天都到森林里去打猎，因为除了兽肉之外，再也没有其他可吃的东西了。每当连续下几天大雪，野兽不知道躲到哪里去时，一家人就只好挨饿。

小木屋被积雪掩埋的日子实在很痛苦，年幼的亚伯拉罕，必须负责挑水的工作，他得抱着水桶走在深及膝盖的雪地上，舀了河水之后再走回来，一双小手总是被冻得又红又肿。

一天又一天，渐渐地，春天终于来临。

当积雪融化，露出下面的黑土时，父亲便到森林里去砍树，大的木头留着以后盖房子用，小的就当柴火。父亲负责砍树，母亲、莎拉和亚伯拉罕便一趟一趟地把木材拖回来。

树木砍掉之后，又得花上好几天的时间，把留在泥土里的树根挖掉，然后用铲子把土地挖松。

经过卖力的整理之后，终于开垦了一小块土地，然后由妈妈和莎拉在地上播下了玉米和小麦的种子。只要有收获，下个冬季就不会挨饿了。

不管天气好坏，亚伯拉罕每天都帮着父亲开垦，慢慢将耕地的面积扩大。

夏天来临时，父亲又得兼做木匠，这次是要盖座比较坚固的房子。为了防风，父亲连墙壁上的窗户都没有留，这样冬天就不怕冷了。在小屋子的旁边，父亲还加盖了一座畜栏，用剩下的一点钱买了一匹乳牛回来养。

为了照顾那些马、羊、猪、牛、鸡等家畜，再加上挤牛奶的工作，莎拉和亚伯拉罕每天都忙得不可开交。在开垦地长大的亚伯拉罕一直认为，小孩子这样工作是应该的。

第二年，当春天再度来临时，他们拥有的田地已经是很大一片了，一家人也已经习惯了新的生活。

"幸亏搬到印第安纳来，否则日子不知将会苦到什么程度！"

父亲十分愉快地想着，他相信幸福之神已降临了。

在这儿也有巡回老师设立的临时学校，一向重视子女教育的母亲再度主张让孩子们去上学。

因为土地的开发已经告一段落，所以这次父亲并没有反对。

从家里到学校有十二三千米的路程，来回要走上好几个钟头，但是莎拉和亚伯拉罕天天都很快乐地往返着，并不感到累。

但是，不幸的事却在这个时候发生了。

这年的夏天，印第安纳州流行一种叫毒乳病的疾病。这种细菌滋生在牛奶里，喝了有细菌的牛奶，便会发高烧，浑身痛苦。受到这种细菌感染的人大都会死去，这是很可怕的疾病。

秋天才刚到，母亲突然发高烧，双唇发白，呼吸困难地喘着，

※林肯的母亲南希（上）和继母萨利·林肯（下）

知识链接

印第安纳州

印第安纳州是美国中北部偏东的一个州。西北濒密歇根湖，北接密歇根州，东界俄亥俄州，西邻伊利诺伊州，南隔俄亥俄河与肯塔基州相望。面积93993平方千米，在50州内列第38位。印第安纳州东西宽257千米，南北长451千米，呈长方形。首府为印第安纳波利斯。印第安纳原意是印第安人的土地。在美国，一个来自印第安纳州的人不被称为印第安纳州人，而被称为胡希尔人，在中文里，这个词一般被译为印第安纳州人。美国海军有多艘战舰以印第安纳州命名。

这是患了毒乳病的特征。几天之后，母亲握着莎拉和亚伯拉罕的手，离开了这个世界。

这是1818年10月的事。

田地刚开垦好，满以为从此可以过好日子了，母亲却无法享受，命运真是太残酷了！

父亲默默地到森林里去砍树，锯成木板，做了一具棺材，把母亲埋葬了。知道了消息的人，都从遥远的地方赶来吊慰。

母亲的墓就在一棵大树底下，因为没有牧师，便由一位识字的人念了一段《圣经》，然后大家合唱赞美歌。

母亲是父亲的好妻子，也是莎拉和亚伯拉罕的好妈妈，但是，她从来没有享过福。结婚之后，虽然和父亲很恩爱，却从未脱离艰苦的生活。

在开垦地上，无论男女都必须辛勤地工作才能生存。在大自然中开辟新的土地，听起来似乎很平常，但是其中隐藏了许多辛酸！多数的拓荒者，都是穷人，吃不饱、穿不暖，却又必须不停地工作，因此许多身体孱弱的人，没多久就会倒地不起。

母亲就是这样吃尽苦头的贫农之妻。她虽然去世了，但是她的虔诚和慈爱，却永远留在子女的心中。

尤其是亚伯拉罕，他一辈子都无法忘记母亲。当他痛苦忧伤，或者心有迷惘时，眼前总会浮现出母亲的微笑。

母亲一走，全家突然变得冷清起来，一向就不爱说话的亚伯拉罕和父亲，从此更加沉默了。

秋已深，落叶纷纷掉在屋顶上，发出簌簌的声音。莎拉和亚伯拉罕经常站在门口，望着远处母亲的坟墓发呆。

天使般的母亲

1819年，对这个刚十岁的悲伤男孩来说，他的母亲躺在地下，生前却没有为她举行基督徒应有的临终宗教仪式，这真是件非常糟糕的事。"这儿如果有个牧师……仅仅需要一个！"亚伯拉罕想，"仅仅需要些云游四方的传教士能来这块地方！"

终于，亚伯拉罕想到了善良的传教士戴维·艾尔金，他们在肯塔基的老房子时就认识了。如果他知道了他们的失亲之痛，也许会来这里到她的墓前宣示布道。可是，如何把这不幸的消息告知他呢？

※教堂

解放者——林肯

坐在家中寂寞的炉台边,亚伯拉罕想出一个办法。他想写信给母亲生前的这位好友。他想把家人的悲恸告知他,并请求他前来此地。但这可不是件容易的事情。他到哪里去找写信所需的纸和笔墨?写完了信,谁又能帮他送去?再说了,戴维·艾尔金是个云游的传教士,到哪里能找到他呢?

偏僻地带的人们学会了借助最有限的东西尽可能做出更多的事。在困难面前,他们从不沮丧。那本已被手指翻旧的拼写课本——就是亚伯拉罕在卡勒·黑泽尔的学校里学的那本书中,有一页上有漏印的空白,有这张纸片写信就足够了。林间空地许多烧焦的树桩上悬挂着成熟的浆果,戳破它们后流出的血红色汁液,就是很好的墨水。父亲在森林中猎到的野生火鸡翅膀上的大翎羽,拿下一根就可以做成笔。

信写好了,封好口,写上戴维·艾尔金在肯塔基的地址。但是,那里没有邮局,也没有邮递员。该如何把信送到它的目的地呢?

有个邻居准备去俄亥俄河那边做生意,他可以把信捎去,然后在那里,他把信交给另一个朝那个方向走的人。这第二个人会把信再交给第三个人,如果顺利,还会有下一个人,一直到最后,如果没有意外发生,它能到达那位正确的收信人手中。对亚伯拉罕来说,用这样的方式传递一封信件一点都不陌生——这是他所知道的唯一的方法,在早些时候的西部拓荒者中,这样传送信件也是很常见的。

沉闷漫长的冬天到了,这是男孩平生最为沉闷忧郁的时期。寒风呼啸着从墙上敞开的裂缝中钻进来,冰雹和雨雪向没有防护的屋门涌来。本来就不舒服的小木屋现在更不如从前,因为那个把整个家照亮照暖的女子,再也不会出现了。年仅12岁的小莎拉,成了家里的女主人。那个总把最需要做的事都拖沓下去的父亲,要么坐在家中火炉旁,要么拎着斧子或者猎枪到林子里转悠。丹尼斯·汉克斯,自从他的阿姨贝蒂·斯帕罗去世后,就搬到亚伯拉罕家和他们一起生活;他比亚伯拉罕年长一些,能做有用的事了,砍伐大树、储藏食物,还能到林子里打猎。

终于,天变长了,变晴朗了。春天来了,森林中盛开着迎春的野花,到处是鸟儿欢快悦耳的鸣叫。随后的一天,传教士戴维·艾尔金骑马来到小木屋门前。他收到了亚伯拉罕的信,骑马百余英里前来此地。未开垦的荒原,没有足够

23

的路标指引，在春雨泛滥成湍急洪水的地方，他不得不下马游过河；夜晚，他在狼群声声咆哮的森林里睡觉；他历经种种危险，疲惫倦乏，忍饥挨饿——他为了什么呢？仅仅是为了站到一个可怜女人僻静的墓前，陈述她生前的善良和贤淑，再鼓励一下那些爱过她的活着的人。做这些，他不求报偿，既不要礼品也不要金钱，甚至不要人们的颂扬，他所期盼的仅仅是完成神圣职责后的满足感。当然，当世界所有英雄名单列出来时，卑微的戴维·艾尔金的名字将比那些虽做出大事却一心为己的人，更令人尊敬。

邻居们得知消息，知道了有位传教士来给南希·林肯的葬礼布道。邻居们不断传递这个消息，等安息日到来时，拓荒者们安静地聚在枝叶伸展的无花果树附近的山坡上。他们当中的许多人都是远道而来，有的骑马，有的驾着马车前来。牧师在葬礼上的布道是件大事，男人、女人和孩子们都渴望倾听。来了足有二百多人，在居住分散的新拓居地，这次布道的规模超过人们所见过的任何聚会。

当太阳到达天空正中的位置时，传教士唱起赞美诗，一行一行的——那里没有供人们做礼拜时用的圣经，女人和女孩子们以她们甜美却未经训练的音调，和他一起唱起来。简短的祷告会完成后，传教士开始布道。这虽是一次达不到专业水准的布道，却饱含人们的热忱和情感，演讲的内容也恰恰是那些没受过教育的听众所能理解的。它的主题，当然是这位温和的太太的葬礼，她得到了所有认识她的人的爱。传教士在布道时重点提到她的忍耐和忠诚，她人生理想的高尚——心怀理想，她给了孩子们爱心呵护、悉心教导和无私奉献。

最后，布道结束了，赞美诗又唱起，宣致祝福。然后，人群渐渐散去，带着感悟踏上归途。对少年亚伯拉罕来说，他感觉，母亲逝后他最大的心愿已经了结，他悲伤的心情开始有所好转。但是，另一个更大的心愿仍在：按母亲所教诲的，塑造美好的生命。如母亲所希冀的，让自己的人格臻于完美。回家路上，他的内心被崇高的理想所充盈。尽管他才十岁，却不再是个小孩子。他下定决心要成为母亲最景仰、最崇敬的那一类人。

许多年之后，当他受人尊敬、声名显赫，被视为已位居世界伟人之列时，他说："我所拥有的和即将拥有的一切，都源于我那天使般的母亲。"

迈入新生活

亚伯拉罕已经十岁了。

这个家庭的沉默和孤寂，终于被一位叫德尼斯的青年所打破。德尼斯是亚伯拉罕的堂兄，来这里暂住。他是个生性乐观的人，不但幽默风趣，工作也很卖力，最喜欢逗莎拉和亚伯拉罕。他来了之后，这一家人又有了笑声。

自从母亲去世之后，莎拉便接替了母亲的工作，她要打扫卫生、洗衣服、煮三餐、缝衣服、挤牛奶、喂家禽……但莎拉毕竟只是一个十二三岁的小姑娘，如此繁杂的工作，无法件件都做得很好。再加上莎拉个子小、身体瘦，父亲看在眼里，总觉得有点不忍。

※美国版图中的肯塔基州

小木屋的少年

◇ 图 说 名 人 ◇

名人名言

给别人自由和维护自己的自由，两者同样是崇高的事业。
——林肯

母亲去世后一年的某天,父亲对家人说:"我有事情要出远门,你们要好好看家。"

他准备了简单的行李就骑着马走了。父亲到底要去哪里,去做什么,莎拉和亚伯拉罕都不知道。

过了一个星期,父亲还没有回家,待在家里的三个人开始担忧起来。

每天一到傍晚,莎拉和亚伯拉罕就站在丘陵上,凝望着山谷边的小路,期待着父亲的出现。

就这样在盼望中过了三个星期。一天早上,路上传来了马车的声音,亚伯拉罕跑出去一看,只见山脚下有辆四匹马拉着的大马车,正扬着灰尘往这边来,而朝思暮想的父亲,就骑在前面的马上。

"爸爸回来了!"亚伯拉罕向屋里大叫,莎拉和德尼斯立刻跑出来。

"啊——莎拉——亚伯——"父亲也远远地叫着莎拉和亚伯拉罕的名字。

父亲身旁的那匹马上,有一位戴着帽子的妇人。

"她是谁呢?"

当亚伯拉罕正在猜测时,马车已爬上了斜坡路,来到了小木屋的

※肯塔基州城市风光

解放者——林肯

前面。

父亲扶着那位妇人下马，然后拉开了篷车的门，一个男孩和两个女孩，笑嘻嘻地跳了下来。

父亲原想对莎拉和亚伯拉罕多说一些话，但是一向不善言辞的他，在这个时候愈发说不出话来，只说了一句："这是你们的新妈妈。"

妇人微笑着，先拥抱莎拉，然后又抱了亚伯拉罕。

亚伯拉罕望着她那温柔的眼睛，心里一阵温暖，差点开口叫她妈妈。

"从今以后，我就是你们的新妈妈了。"

这位继母，原先也住在肯塔基州，丈夫去世后，为她留下了一些土地和遗产，她便靠这些独力抚养三个子女。

亚伯拉罕的父亲在很早以前就和这家人有来往，如今两人终于决定结婚，彼此有个照顾。

继母的三个孩子，老大叫伊丽莎白，已经12岁；老二叫玛姬德，8岁；老三是个男孩，叫约翰。他们三个都穿着亚伯拉罕从来没见过的漂亮衣服。

"从今以后都是一家人，大家要好好相处。"继母这样说。莎拉和亚伯拉罕觉得有点难为情，不敢上前去和他们三姐弟拥抱。

继母看到这种情形，立刻从行李里拿出新衣服，让莎拉和亚伯拉罕换上，然后又一边为莎拉梳理头发，一边说："看，多么漂亮！"

马车上的东西都卸了下来，较重的家具和行李，由父亲和德尼斯搬进屋里，小件的，则由亚伯拉罕和莎拉提，新妈妈也吩咐自己的孩子帮忙搬。

亚伯拉罕唯恐这三个小孩一路上太劳累了，便说："不要紧，你们休息一下吧。"

但是继母坚定地说："不行，大家都要动手。"

行李很多，有柔软的羽毛褥子、精致的餐具、漂亮的柜子和餐桌等，每一件都令莎拉和亚伯拉罕大开眼界。虽然这些都不算是奢侈品，可是对从小就睡在铺枯叶的床上，穿着满是补丁衣服的姐弟俩来说，每一件都太精美了。

当夜，莎拉和亚伯拉罕睡在柔软的床上，觉得简直像置身于梦境一样。

原来冷清孤寂的小家庭，一下子变成有八口人的大家庭了。

继母很勤快，在她的整理之下，不到两三天的工夫，家里已焕然一新。不过，这座小屋子八个人住确实小了些，于是父亲计划再建

※16岁的伐木工林肯

新屋子。

另一方面,家人增多,吃的东西就必须增加,不会赚钱的父亲,唯一的办法,就是继续开垦荒地。就这样,全家人都下田工作,新来的三姐弟也不再穿漂亮的衣服了。继母还为小弟弟约翰做了件鹿皮裤子,好方便做事。

亚伯拉罕每天随着父亲和德尼斯下田,有时候上山砍柴,工作十分卖力。

亚伯拉罕长得比一般十岁的孩子高,已经到父亲的肩膀,他的手掌厚实,臂力也不比成人差。

"他不久就可以做大人的事了。"父亲看着亚伯拉罕搬走一块大石头,高兴地想着。

但是只有一件事使父亲很不满意,那就是亚伯拉罕不愿意上山打猎。

那是他们搬来印第安纳州不久之后的事。

一天,一群野火鸡聚集在屋子外面,父亲见了,便对亚伯拉罕说:"亚伯,你应该学打猎了,试试看吧。"

于是亚伯拉罕端起猎枪,架在窗户上向外瞄准,然后屏着气息扣了扳机。只听到"碰"的一声,一只火鸡倒下了。

"啊,打得好!"

父亲很高兴地大笑,亚伯拉罕自己也很得意,立刻跑出去看。只见那只火鸡倒在地上,浑身都是血。

亚伯拉罕愣在那儿,心里觉得很难过。

就从这个时候开始,无论父亲怎么劝,怎么责骂,亚伯拉罕都不愿意去打猎了。

除了这一点之外,其他的事,亚伯拉罕都会主动地去做。比如,砍的柴有多余时,他会骑着马,把柴驮到镇上去卖,然后再一个人骑着马回来,完全是个在旷野中长大的孩子。

解放者——林肯

旺盛的求知欲

亚伯拉罕一有空，就坐在树下看书，遇到不懂的地方，就去问继母。父亲不了解书中的乐趣，常苦笑着说："这有什么好看的？"

就这样，原来只认得几个字母的亚伯拉罕，已经从书本里认识了很多词。继母看到这种情形，发现了亚伯拉罕好学的精神，因此，当巡回教学的老师再度来临时，她不顾丈夫的反对，坚持要让亚伯拉罕去上学。

继母为有这样的一个儿子感到骄傲，她预感到亚伯拉罕不会在这片土地上永远待下去，他似乎属于另外一个更为广阔的世界。

确实，亚伯拉罕具有一些同龄小伙伴们所不具有的优秀品质，他的梦想在远方，这正是他以后成功的基础。

在这种远离城市的偏远地带，每天的生活都是千篇一律。一大早

※ 长大后在演讲的林肯

就得到田里工作,直到太阳下山才回家,日子向来缺少变化。亚伯拉罕自小就生活在这样的环境中,他单纯地以为,长大之后,也要跟爸爸一样,成为勤劳的农夫。

亚伯拉罕12岁了,他的个子愈来愈高。

一天,亚伯拉罕从磨坊回来,看见一位最近才来的移民正在和父亲说话。

父亲看见亚伯拉罕回来,便说:"亚伯,这位先生听说你很勤快,想雇用你,你觉得怎么样?我想,你为别人做事也不错。"

第二天,亚伯拉罕就到这户人家去工作了,他按照主人的意思挖土、耕地、砍木柴、掘井……一天的工资是16分钱。

虽然数目很少,但对家里却是很大的帮助。

父亲有时会偷偷地观察亚伯拉罕的工作情形,他常看到亚伯拉罕在休息时间对其他的工人高谈阔论,工人们似乎也听得津津有味。

"这孩子在家里一句话都不说,现在到底跟这些人讲些什么?"

原来,亚伯拉罕是在模仿牧师口若悬河地讲道,大伙都觉得很有趣,亚伯拉罕更是一副很快活的样子。

父亲一直没有发现亚伯拉罕的这一面,因此感到惊讶。

这个在荒野中长大的孩子,对知识有着强烈的渴望。

亚伯拉罕不太爱交朋友,每天只是认真地工作。他感到最快乐的,是太阳下山后,一家人围在火炉旁边的时光。

此地经常有外来的旅人或邻居来聊天,他们很喜欢提起华盛顿和纽约的事。他们最爱讨论的,就是华盛顿政府的各项建设和措施。

"政治在操纵着美国这个国家。"亚伯拉罕开始有了这个观念。

他急于获得知识,连包装用的报纸都捡起来看,这正是拓荒地区孩子的课本。

在拓荒地区,很少有人识字,因此亚伯拉罕可以说是在村子中,知道最多消息的人。可是,在这些旧报纸上仍然有许多句子是他所不懂的。

亚伯拉罕14岁时,当地有人开了一家杂货店,贩卖食品、衣服、农具……凡是日用品几乎什么都有。店主很赏识亚伯拉罕的勤劳,想请他当店员。

"我这个孩子能胜任这工作吗?他根本不会跟人打交道!"

父亲很怀疑,但是亚伯拉罕答应了。

这位在荒野中长大、沉默寡言的孩子居然当起店员来了。他亲

解放者——林肯

切地招待客人，店内经常洋溢着笑声，生意也愈来愈好。

他过去一直说话不多，那是因为整天与大自然为伍，没有说话的必要。事实上，亚伯拉罕很喜欢店里的工作，因为店里出入的是各行各业的人，他可以听到许许多多的事。而最令亚伯拉罕高兴的，就是店里订有报纸。

"有什么消息没有？"

店里的客人经常这样问，亚伯拉罕便会读报纸给他们听。有的人前来买东西，完全是为了获得报纸上的消息。

城里法院的法官，有时也会到这里来，林肯因此认识了一位叫皮贾的法官。皮贾见林肯很认真，便对他说："你真用功，我有一些你看得懂的书，可以借你。"

这些书是《鲁滨孙漂流记》《天方夜谭》《天路历程》《华盛顿传》等。

林肯对《华盛顿传》特别感兴趣，他从这本书中知道美利坚合众国是如何建立起来的。

拓荒地的生活既平凡又单纯。同样的，亚伯拉罕的少年时代也很平凡。不过，在这种平淡的日子里，亚伯拉罕脑海里的知识，却逐日在增加。

亚伯拉罕还不知道知识会有什么用处，他发现自己书看得愈多，不懂的事也愈多。更让他懊恼的是，没有人可以请教，无论什么事，都得靠自己的能力来判断。

亚伯拉罕16岁的那一年，姐姐莎拉与邻村的人结婚，但是很不幸，她在第二年就因病去世了！

这位自小与亚伯拉罕相亲相爱、同甘共苦的好姐姐，这么年轻就与世长辞，亚伯拉罕心中的悲痛比母亲去世时更加深重。父亲也很伤心，但仍安慰亚伯拉罕说："这是没办法的事，我也很难过，你要想开一点。"

父亲的话虽显得生硬，但亚伯拉罕听得出来其中的关心与爱意。纵然如此，亚伯拉罕仍然忧伤不已。

姐姐死亡，是亚伯拉罕少年时代即将结束时最感伤的事。

※美国第一任总统华盛顿

船夫生涯

17岁的林肯，长得比一般成人还要高大，有着高高的个子、长长的腿，但他跨着大步走路时的那副样子有点滑稽。

开垦地的年轻人，见到这位高瘦个子老是在看书，心中都有点反感。

"哼，有什么了不起！"

"骄傲的家伙！"

在这样的开垦地上，十六七岁已算是成人了。大家都喜欢模仿大人的行为，喝酒就是其中之一。

酒馆里的年轻人，往往为一点小事，就打成一团。因此林肯不喜欢和这些人在一起。

一天，一个年轻人对林肯说："喂，你的个子虽然高，可是我看你是个懦夫。"

林肯知道他来意不善，不想理他。但是这个年轻人故意挑衅，一直在旁边冷言冷语。

"嘿，你让人家这样说，一点感觉都没有吗？"

一边说着，一边推了一下林肯的肩膀。

一直不说话的林肯，终于站了起来。

"好吧，你打算怎么样？"

林肯卷起衣袖，露出长长的手臂，围观的人看到那么长的手臂，不禁都笑了起来。

那个年轻人吼了一声："你别神气！"就冲了

过来。大家都认为这下子林肯可惨了!

谁知林肯一拳打中对方的脸部,年轻人立刻倒了下去,好半天都爬不起来。

林肯脸上毫无得意的表情,他一声不响地走了。

从此以后,再也没有人敢惹这位高个子了。

林肯仍然继续埋头工作,但是心情总是十分忧闷。因为他书读得愈多,愈觉得自己的知识不够。

想要在社会上立足,必须要有一技之长,或懂得法律,但是自己什么都没有学过。

难道自己一辈子都要在垦区挖土吗?

林肯很喜欢田里的工作,但他了解这种开垦的工作,必须付出很大的代价。住在荒野的人,有时会受到野兽袭击,有时会被印第安人攻掠。如果暴风雨肆虐,河水泛滥成灾,辛苦开垦的土地就荡然无存。相反,如果久旱不雨,土地会龟裂,农作物就会全都枯死。

而且在垦区,没有什么学校,小孩子都像原始人一样无知,只知道打架闹事。垦区又没有医生,不幸得了重病,就无药可救,母亲和姐姐就是因此失去了宝贵的生命。

林肯最大的心愿,便是设法使垦区成为较易生存的地方,并改善拓荒者的生活,但这个愿望那时还无法实现。

林肯知道自己已经长大了,必须靠自己的力量生活,于是和父亲商量,到俄亥俄河岸的农场去为人做工赚钱。

这是林肯第一次离开父亲自力更生。

林肯对田地里的工作可以说是驾轻就熟,无论是锄地垦田、打柴挖井、照顾家畜、运货去卖,他都做得很好。

俄亥俄河是密西西比河的支流,虽是支流,却算是一条大河,有很多船只行驶其上。

1826年,林肯17岁时,美国的开垦地已扩大到密西西比河的西面了。

当时的美国,就像一个不断膨胀的气球,一再地扩张领土,政治与经济也不断地发展。

前面已经说过,美国独立之后,欧洲的移民蜂拥而至。移民最多的时期,是1815年到1816年之间。

林肯尚未出生的前几年,欧洲不断地发生战争。法国皇帝拿破仑(1769—1821)征服了欧洲各国,英国全力对抗拿破仑的军队,终于在1815年获胜。

战争期间,英国自然无暇顾及

其他的事,当战争结束后,才猛然发现美国的繁荣,非常震惊。英国想设法阻碍美国的发展,于1813年出兵攻击首都华盛顿。

但是在这个时候,英国内部却发生了问题。

英国农民除了耕地之外,还必须靠纺织羊毛,才足以维持生存。但是纺织品工业化之后,传统的手织业无法与之竞争,农民的收入因而减少,生活更苦,大家都想移民到美国去。虽然政府一再制止,却没有用。

事实上,想移民到美国的,不仅是英国的农民。像荷兰、德国、意大利等国,因为拿破仑的征战,土地遭受严重破坏,农民们也都想去美国发展。

所以,横渡大西洋的船只,从来没有中断过。

肥沃的密西西比河中央平原,敞开了大门,热烈欢迎大量的移民。随着拓荒者数量的增加,河岸两旁形成了许多城市。

这条河流的主流和支流所产的农产品,大多卖给了商人,商人收购了之后,便用船把农产品运到河口的新奥尔良去卖。因为当时还没有铁路,所以一切的货物,都靠船只来运输。

1807年,詹姆士·富尔顿所发明的汽船,以现在的眼光来看,实在是简陋不堪,但是在当时,却是了不起的发明。在船的两侧装置大型水车,靠水车旋转的力量使船往前走。富尔顿的汽船是在纽约哈得逊河河口试航的,不过,深受汽船恩惠的,却是密西西比河。

普通船从河口到上游,要花上几个星期的时间,有了汽船,几天就可以到了。

林肯就住在俄亥俄河旁,每隔几天,就会看见这种装有水车的汽船驶来,船上、甲板上站满了旅人、移民、商人等。林肯看到汽

※拿破仑

解放者——林肯

❈ 汽 船

船,心中难免会有所憧憬。

一天,林肯划着借来的小船停在河边休息,突然跑过来两个人,气喘如牛地对林肯说:"拜托、拜托,我们错过了时间,船已经开了,请你送我们过去好吗?"

他们用手指着停在河中央的大汽船。

林肯义不容辞地把两个人送了过去。

"谢谢!谢谢!终于赶上了,这是渡船费。"

说着,给了林肯两枚5毛钱的硬币。

林肯望着手里的钱,以为自己是在做梦。辛苦工作一天,只能得到35分钱,现在载人一次,就得了一元钱。

本来只晓得埋头工作的林肯,现在终于改变了想法。他立刻买了一艘小船,开始做起船夫来了。

原来这条大街直对着河流,却没有设立码头,想要渡河的人,必须到稍远的下游去搭船。现在这里设了个渡口,大家觉得很方便。

林肯这一招很成功,有时客人太多,他忙都忙不过来。

这位瘦高个子并不像普通的船夫一样,只要生意好就可以了。

他在载客时,经常思索着:"船要做成什么样子,才会走得

※俄亥俄河流经辛辛那提

更快？"

他终于想出来了。于是林肯很早就起来，趁着清晨还没有客人的时候，到森林里去砍树、锯木，花了几天，做了一艘比原来的船更大、跑得更快的船。然后，把渡口移到客人更多的河岸去。

俄亥俄河恰好是印第安纳州与肯塔基州的河界，林肯是在印第安纳州这边做生意，用船把客人运到肯塔基州那边去。他的生意很好，赚了不少钱。

对岸肯塔基州也有船夫，那是一对名叫迪尔的兄弟。

迪尔兄弟见林肯的生意比他们好，心生嫉妒。

一天，两兄弟在对岸向林肯招手，林肯马上把船划过去，想不到一上岸，两兄弟便抓着林肯大骂。

"你抢我们的生意，我要你好看！"

一边说着，想把林肯按到水里去。但是林肯用力一甩，就把他们甩开了。

迪尔兄弟知道敌不过林肯，便说："你的生意是违法的，我们到警察局去理论。"

林肯便跟着去了。

根据肯塔基州的法律，做渡船生意必须经过政府的同意许可。

一位叫贝特的治安官，先听了迪尔兄弟的控诉，然后听了林肯的陈述。听完之后，他认为林肯是在

印第安纳州那边做生意,并未触犯肯塔基州的法律。

迪尔兄弟不得不服从贝特的裁决,心不甘情不愿地走了。

然后,贝特对林肯说:"你不懂法律吗?一个再诚实的人,不懂法律也要吃亏的!"

于是这位治安官告诉林肯一些有关法律方面的事,林肯这才知道国家有国家的法律,而每个州也有自己的法律。保护好人的法律,有时也会被坏人利用。

从此以后,林肯经常到肯塔基州去请教贝特,他的心中,又有了另一个新的憧憬。

处在人际关系复杂的社会里,好人实在容易吃亏。林肯虽还不懂得法律,但是他的心中升起了一股强烈的愿望:"我要尽力保护好人。"

两年之后,林肯19岁时,意外地获得一次长旅途行的机会。

一天,以前曾雇用林肯当店员的杂货店老板肯特利,对林肯说:"你能不能跟我的儿子到新奥尔良去一趟?"

肯特利打算把他在当地收购的玉米、面粉、咸肉等农产品运到新奥尔良去卖。但是让自己的孩子阿连单独去,他觉得很不放心,特地来找林肯帮忙。

新奥尔良是密西西比河河口附近的城市。从那里顺流而下,需要很多天。一路上有危险的激流和浅滩,而载货的船又必须是平底船,因此很容

※现在的新奥尔良

易搁浅，技术不到家的人根本开不过去。晚上停靠在岸边的时候，说不定还会有强盗来抢劫，因此这种运货的工作，并不是很轻松。

肯特利之所以会想到林肯，是因为林肯诚实可靠，臂力又大，加上又做过船夫，驾船的技术是一流的。

"如果你肯去，我就放心多了。一个月给你8块钱，你觉得如何？"

既可以借此机会到外面去看看，又有报酬可拿，林肯想了想，便答应了下来。

林肯的父亲也对这个月薪8元的工作感到满意，便说："你就试试看吧。"

于是林肯开始了他拿手的造船工作，前后用了一个多月的时间，终于建造了一艘平底船。

接下来的工作，就是把货物一样样搬到船上去，这个时候林肯的一颗心，早就飞到新奥尔良去了。

这个季节正是冬末春初，河岸两旁有一些积雪。

货物装载完毕之后，林肯和阿连便满怀希望地上路了。他们顺流而下，很快驶离村落。

虽然风还很冷，但是天空晴朗，阳光洒在身上有种暖洋洋的感觉。林肯撑着长长的竹竿站在船尾，心情很是愉快。

没想到第一天就出了问题。

船搁浅了！

船头翘了起来，船尾低下，逐渐下沉。

船上的货物全是农产品，要是浸了水，就糟了。阿连万分紧张。于是两个人跳下河，拼命推船，但是船仍然不动，两个人无计可施，只好回到船上，拼命把船上的积水舀出来。

夜越来越深了。

林肯和阿连就这样舀了一夜的水。

知识链接

密西西比河

密西西比河是世界第四长河，也是北美洲流程最长、流域面积最广、水量最大的河流。其位于北美洲中南部，注入墨西哥湾。"密西西比"是英文"mississippi"的音译，来源于印第安人阿耳冈昆族语言，"密西"和"西比"分别是"大、老"和"水"的意思，"密西西比"即"大河"或"老人河"。干流发源于苏必利尔湖以西，美国明尼苏达州西北部海拔446米的、小小的艾塔斯卡湖，向南流经中部平原，注入墨西哥湾。

解放者——**林肯**

第二天早上，河边垦荒的人划船过来时，这只船的船尾已沉得和水面相平了。

林肯看见有船驶近，立刻停下了舀水的工作。河岸上围观的人冷眼看着，不知道这位瘦高个子要做什么。

林肯待那只船靠过来后，便飞快地把自己船上的货搬过去，不一会，船变轻了，船尾渐渐往上浮。林肯立刻又把船尾的货移往船头，船头渐渐地低下去，整艘船就慢慢平浮在水面了。

林肯见状，便低头开始在船尾凿洞。

"哎呀！他干什么？"

看的人不禁目瞪口呆。

林肯打好了洞，又把货物移一些到船尾去，船尾略往下斜，船上的积水便全从那个洞流了出去。林肯立刻把洞塞起来，然后跃入水中推船，不一会，船就离开了搁浅处。

"哗！"

看热闹的人都发出了欢呼。林肯一上岸，大家都围住他，七嘴八舌地赞美。这位质朴的青年，觉得不好意思，连耳根都红了。

获救的船经过一番整顿，当天就出发了。

第三天，他们进入了主流密西西比河。河面又宽又广，两岸连接着一望无际的大平原，远处是平原与天空交接的地平线，显得壮阔无比。

林肯小心地撑着船，到处都有激流，但他都巧妙地闪过了。晚上他们就把船靠在河边休息，十分惬意。

愈往下游走，天气愈暖和。

这时候，出现在河岸两边的，是无边无际的棉花田。

肯塔基州和印第安纳州到处是高山、山谷、丘陵和森林。同样是美国的领土，景色却迥然不同。

一向生长在山地的林肯，心中很是惊奇。

差不多过了一个月，林肯一行人航行一千多千米，终于来到了新奥尔良。

在这个异常繁荣的港口里，林肯首次见到海洋。

港口泊着无数的船只，大得惊人的汽船、三支桅杆的帆船和无数小船都穿梭于其间。排列在一旁的船只既整齐又壮观，桅杆林立，好看极了！

许许多多的码头工人在装货、卸货，来来往往的马车、熙熙攘攘的人群，再加上进港船只的汽笛声、小贩的叫卖声，构成了一幅热闹繁华的图画。

新奥尔良原是法国殖民地路易斯安那州的中心，这个州是美国在1803年向法国买下来的，从此以后便成为美国南部的第一大都市。

奴隶市场

美国独立，移民人口增多之后，首先开发的就是密西西比河的下游地区。此处靠近墨西哥湾，气候温暖，终年有强烈的阳光。

路易斯安那、阿肯色、密西西比、亚拉巴马等州盛产棉花和甘蔗，为数极多的棉花和砂糖都通过新奥尔良这个港口运销到欧洲。因此，它后来发展成为不亚于纽约港的大港口。

※密西西比河畔的城市风光

阿连运来的玉米、面粉、火腿和咸肉，都以相当高的价钱卖出。趁阿连做生意的时候，林肯就一个人到处去逛。

这里的街道热闹得很，店里堆满琳琅满目的商品，大多是林肯从来没有见过的。街上来往的行人中，有许多臂上刺花的水手，也有很多头上顶着行李的黑色皮肤的女人。

商店街道之外，有整齐的住宅区，屋子前有宽敞的阳台，庭院里栽着绿油油的热带植物，强烈的阳光透过那大片大片的叶子，亮晃晃地洒在地上。

解放者——林肯

※ 贩运黑奴

这一切，都使得在内陆长大的林肯感到惊奇不已。

林肯逛过一个十分雅致的公园，也逛了一家书店。这是他生平第一次进书店，那么多的书使他眼花缭乱，不知道要买哪一本才好。

一天下午，林肯看见马路那边的广场上聚着一堆人，十分热闹，便走过去看个究竟。

想不到出现在他眼前的，竟是令他难以置信的情景。

原来这是奴隶市场。

一个胖子手执鞭子站在前面，十四五个黑人，脚上全用脚链拴在一起，慢慢地绕着圈子走动。这些黑人有男有女，也有小孩，身上都穿着破烂的衣服，光着脚。有的人所穿的衣服都已烂成布条，身上满是鞭痕。这些黑人骨架都很好，但表情疲惫而沮丧。

围观的人大多是农场的主人或工头，他们瞪着眼好像买牲畜一样地端详着这些黑人的身体。

黑奴们拖着笨重的脚链，依照胖子的指示走动。

胖子不时地扬起鞭子吓唬黑人，黑人以为鞭子就要打下来，总

※美国南部贩卖黑奴的情形

会害怕地躲闪，眼神里充满了恐惧。林肯看到这一景象，心痛极了，不禁握紧了拳头。

胖子像拍卖牲口一样，让黑人一个个站到台上去，开始让客人喊价。围观的人一拥而上，捏捏黑人的手臂、肩膀，掀开他们的嘴唇，检查牙齿……

"五百元！"

有人喊价了，于是其他的人一次一次地往上加。年轻力壮的黑人可以高价卖出。买到的人，立刻用手铐扣在黑奴手上，像拖野狗似的拖着走了。

大部分的黑奴都默默地任凭白人摆布，但也有使出力量反抗的。只是这些反抗没什么用，皮鞭子立刻兜头扫下，黑奴只能咬着牙满地打滚，最后用含恨的眼神瞪着自己的新主人，被他拖着走。

同样是人，为什么要这样残酷相待？

当时的黑人毫无地位，谁也不把他们当人看待，只不过是活商品而已。

这些黑人被人买回去之后，便被带到农场，像牛马一样地被驱使。

每当林肯听到那咻咻的鞭子声，就好像自己受到鞭打一样，心中一阵绞痛。黑人惨叫的声音，如同一把利剑，刺进他的心房。

林肯再也不忍看下去，他实在痛恨这些围观的买主。

保护人民的法律竟会容许这样的事存在？

林肯怎么想也想不通，心里又气又恨，他整天在街上踱着，边走边思索。

林肯知道这件事不是自己解决得了的，但是黑人们悲哀的呻吟、痛苦的眼神却一直萦绕在他的脑海里。

"为何能容许这种情形存在？"

林肯真是痛心极了！

阿连做完了生意，把平底船卖掉，两个人便搭汽船回家。阿连因为赚了钱，心里非常高兴，因此表情愉悦。而林肯却因目睹了这一幕人间惨剧，心情很沉重。

汽船载着这两个情绪截然不同的人，呼啸着往密西西比河的上游开去。

爱与正义的斗士

◇ 图 说 名 人 ◇

正人君子

林肯已经21岁了。

这个时期,前往印第安纳州西方的伊利诺伊州的人已经很多。伊利诺伊州是一个大平原,土地肥沃。

林肯的父亲又开始心动了。

父亲的年纪虽然已大,但心中仍充满热忱和理想。在他有生之年,要不断地追求更好的土地。

于是全家决定迁往伊利诺伊州。

1830年,他们一家人乘坐马车,带领家畜,浩浩荡荡地出发了。

他们越过了尚在积雪的冬季草原,一个星期以后,终于到达了伊利诺伊州。

伊利诺伊州位于密西根湖的南方。在平原的中央,有个叫春田的小镇,他们一家人就在距春田镇两千米南方的森林中住下。

一切都和过去一样,先建个小木屋,再砍伐森林,开辟田

※伊利诺伊州州徽

名人名言

我们关心的,不是你是否失败了,而是你对失败能否无怨。

——林肯

地。这里的土地的确很肥沃，但是要有收获，还必须等待一段时间。在这段日子里，一点收入也没有，因此，一家人仍然过着贫穷的生活。

林肯帮着父亲弄好田地之后，开始萌生独立的念头。

21岁，在美国法律上，已经是有选举权的公民，林肯觉得自己不能再靠父亲生活了。

就在这个时候，林肯在春田镇认识了一位名叫欧威特的人，这个人住在纽赛兰镇，是个生意人。欧威特很欣赏林肯，打算雇用他。

"你能否替我载货到新奥尔良去卖？"

林肯知道这和上次一样，是危险的旅程，但仍然答应了下来。这次他带着弟弟约翰一起去。

一切都很顺利，中途没有搁浅。但是到达新奥尔良之后，火腿和咸肉都腐烂了。

林肯很快又回到了伊利诺伊州。

这次到新奥尔良，他再次看见了贩卖黑奴的场面，内心同样地愤恨和激动，因此又想起了上次的疑问。

"为什么会容许这种事情发生？"

欧威特看到林肯忧郁的表情，

※奴隶交易

解放者——林肯

以为是生意不好的关系,便拍着林肯的肩膀安慰他说:"没有关系,这次的亏损很快就能赚回来。你要不要和我到纽赛兰去?那个地方很有发展,我想开个店铺,生意一定会很好。"

一心想独立的林肯,觉得这是个可行的方法,父亲也很赞成。不过,林肯又有点犹豫不决,他内心深处,总认为自己不适合做生意。而且,自己很渴望能多读点书,充实自己。

第二年的夏天,林肯终于下定了决心:"我还是先独立再说。"

临别之前,林肯吻了吻继母的额头,继母虽非他的亲生母亲,但一向对他疼爱有加。

"妈妈,再见了!"

"亚伯,你要多保重啊!"继母说着,流下了眼泪。

林肯坐上了小船,顺着桑克莫河,来到了纽赛兰。

欧威特见他来了,十分欢喜。

"你终于下定决心了?我一直等着你呢。"

欧威特有很多的计划,因为不久之后,汽船可以驶进纽赛兰,所以他想开个运输站,又想经营一家面粉工厂和木材工厂,他实在是个梦想很多的人。

说了自己的计划之后,欧威特想起了一件事。

他对林肯说:"对了,有件事要先请你帮忙。"

原来这天正好是选举议员的日子。选举事务所的人手不够,必须找人去帮忙。

镇上以及乡下来的人,大都不识字,投票时,就站在选务员前面,说出自己要投谁的票,再由选务员写在墙上的表格里。

林肯受托的,就是这件事。这对他来说,简直轻而易举,林肯的动作干净利落,又快又好。在一旁监督的地方人士,都一致赞扬说:"不错,这位青年真不错!"

林肯因此认识了这些地方上的名人。

纽赛兰是附近几个村落小镇的中心,正如欧威特所预料的,很有发展前途。

不过,这个市镇终究只是伊利诺伊州平原上的一个小镇,居民不过一百多人。

四周乡下的农民,把农产品运到镇上来出售,然后买些盐、农具、衣服等回去。镇上设有学校、教会、医院等,可以说相当的便利。

欧威特打算把自己原来的小店扩大成杂货店。

"我要开一家全伊利诺伊州最大的店。"

不久，许多货物源源不断地运来了。盐、糖、咖啡、酒、布料、鞋子、马靴、女帽、床单、厨具、小刀、针线……凡是开垦区所需要的，这里应有尽有。

林肯将整个店铺整理得井然有序又十分美观，开始做起生意来了。

一天晚上打烊时，林肯发现多收了一个客人6分钱。

虽然只是一点点钱，但林肯连夜走了十多千米的路，把钱送去还给人家。

这件事传开以后，大家都说："真是一位正人君子！"

林肯从不注重别人对他的好评，他只是努力工作，一有空，就埋头读书。

经常到店里来看他的校长，有一天对他说："你的口才虽然不错，但是有些字用法不对，应该多学习文法。"

林肯自己也知道这个缺点，他很感激校长的指点，希望向校长借书，但是学校里的书上课要用，白天不能外借。

校长告诉他十五六千米外，有一家人有文法书。

当天晚上打烊后，林肯便赶夜路去借书。

文法书和别的书不同，必须用心研读才能懂。渐渐地，林肯了解什么才是正确的文章。他对自己过去不懂文法而乱讲，觉得很丢脸。

林肯的读书方法就是这样，尽量靠自己去理解，不懂的地方，去请教别人，把它牢牢地记在脑子里。

林肯曾经看过地理方面的书籍，他的知识已经从美国扩及整个世界了。

一年之后，他认为到纽赛兰是对的。

在这一年中，林肯一切都很顺利，美中不足的是，他的老板欧威特总是一味幻想，不肯付诸行动，结果负债累累，不得不宣告破产。

于是林肯失业了！

他的神态，又回到以前的沉郁。

朋友们见林肯无事可做，便建议说："最近要举行州议员选举，你知识丰富，又会演说，为人又诚恳，实在是当议员的人选，试试看吧。"

林肯考虑了很久，心想："像我这样没有学问的人，可以当议员吗？"

最后，他决定参与竞选。

他一旦下了决心，就不再犹豫，立刻开始竞选活动。

但是这次竞选，林肯失败了！

值得欣慰的是，在纽赛兰这一区里，300票中他获得了270票。所以林肯很高兴，认为下次一定可以当选。

解放者——**林肯**

邮政局长兼测量师

当林肯正为找事做发愁时,镇上正好有人要转让商店,于是林肯便和一位叫裴里的人把商店承接了下来。

刚开始时,商店的生意还不错,但是日子一长,就出现了危机。因为裴里是个酒鬼,整天什么事都不管,只顾喝酒;而林肯一有空就看书,只像

※林肯的商店

店员，不像老板。

当个店员，只要招呼客人就好，但是当一个老板，必须采购货品，管理一切的事。

林肯是个老实人，根本不会讲价，结果进货价格都比别人贵，自然没有什么利润可图。

爱喝酒的裴里，终于因酒醉而死。

这家商店只好关门了。

当初接下这个商店时，林肯和裴里的钱都是向人借来的，现在裴里一死，所有的债务都落在了林肯身上。

借款共约1000元，如果一点一点分摊，恐怕要十年、二十年才能还清。

林肯一想到这里，又忧愁起来。

朋友们都很关心他的处境。

"邮政局长辞职了，你愿不愿意做这个工作？"

纽赛兰的邮政局很小，从上到下，就只有局长这么一个职员。平时工作很清闲，每星期邮政马车会来一趟，只有这天忙一点。马车运来的邮件中，有许多报纸。对林肯来说，最具吸引力的，就是这些报纸。

"好，我试试看！"

就这样，林肯当了邮政局长。

他很喜欢这个工作，如果不是负债，倒真是舒服极了！但是微薄的薪水，实在不够还债。

另一位朋友告诉林肯说："测量师的收入比较多，我认识一位测量师，可以介绍给你，你学学看。"

纽赛兰这个地区每天都有移民来，移民一到，第一件事就是向政府买土地。划定土地的界线，必须由测量师来做。但是此地的测量师只有一位，天天忙得不可开交。

"不错，这是个好职业。"

林肯这样想。但是想要从事测量工作，必须懂得数学。林肯只好去借测量书，自己认真地学习起来。

对那些难懂的数学林肯觉得头痛万分，幸亏校长热心地来教他，这才解决了难题。

林肯一边做局长，一边学数学，还不时趁着空档替人打工，无非是想增加收入以便还债。

又要工作，又要读书，林肯原本瘦削的身体更瘦了。

两个月之后，林肯终于成为合格的测量师。

他把测量器扛在肩上，迈着长长的腿出现在丘陵上和草原上。

林肯很喜欢这份工作，因为整天在大自然里，不必讨好别人，也不必与人交际，他好像又回到了小时候的时光。

一方面做邮政局的局长，一方面当测量师，这样下去，一定可以

解放者——林肯

把债务还清了。

就在这个时候，林肯有了喜事。

当他来纽赛兰不久，房东拉特雷吉就邀请他加入辩论会。辩论会经常在拉特雷吉经营的客栈里举行，林肯因此结识了他们一家人。

拉特雷吉家有位名叫安的姑娘，长得美丽娴静，常常坐在听众席上听林肯演讲。她那动人的倩影，深深地吸引着林肯的心。

当林肯还在开商店时，安就常去买东西，每次她来，林肯就会无端地紧张起来。

随着与拉特雷吉家的熟悉，林肯和安已经成为很熟的朋友。林肯每次去她家，安都会抽空和林肯躲到角落里去看报或看书。

高高瘦瘦的林肯，外表说不上英俊潇洒，林肯也知道自己不是女孩子心目中理想的对象，而且安又是有钱人家的女儿，自己实在高攀不上，所以他一点也不敢存有和安结婚的念头。

事实上，安却很欣赏林肯的好学不倦，能和林肯一起读书、看报，是她感到最高兴的事。

但安终究是个含蓄的女孩子，她不敢向林肯表示好感。表面上，彼此之间只像朋友一样来往。

林肯虽不善交际，但为人诚挚，因此拥有许多好朋友。他和安的感情，谁都看得出来，于是朋友们告诉了拉特雷吉。

就这样，林肯和安有了婚约。这实在是件喜事。

距离上次州议员选举已有两年了，林肯想再参加竞选，朋友们都很赞成。

在春田镇当律师的史都华也说："州议员中不乏假公济私之辈，正需要你这种人出来。"

※林肯的画像

于是林肯又登记为候选人，和上次一样，巡回各地从事竞选活动。

有一次，正当林肯准备发表政见之时，听见有人叹息着说："唉！这个党没什么理想的人，不听也罢！"

但是当林肯演讲完毕时，这个人却又高兴地说："太棒了！其他的候选人都比不上这个人！"

林肯所参加的政党，叫作自由党。在这次的选举中，自由党推出的一些候选人，都没有什么号召力。

但是，林肯却以第二高票当选为州议员。

一个乡下的测量师，居然击败了好几位地方上有背景的人，赢得州议员的席位。

这时候，林肯才25岁。

林肯当了州议员之后，更加了解法律的重要性。因此，学习法律的意念也更强了。于是他一有空就研读法律书籍，遇到问题，就去请教春田镇的史都华。

"他什么事都想知道。"一个朋友这样说。

但是林肯并非盲目地追求知识，因为他已有了目标。

拉特雷吉一家不再经营客栈，搬到邻村去了。林肯常常骑着马去看安，安知道林肯在研读法律，常常鼓励他。

那一年的夏天很热，不知为何竟然开始流行疟疾，死了很多人。安不幸被传染，发着高烧。林肯每天一大早就去看她，下了班之后，也迫不及待地赶去，照顾到半夜才回家。

没想到，一天晚上，安去世了！林肯的悲痛是可想而知的。

下葬那天，旁人对林肯说："你跟安说几句话吧。"

林肯注视着安的坟墓，一句话也说不出来，满脸泪水地离开了伤心地。

从此以后，每当下大雨、刮大风的晚上，林肯总是到安的坟前呆立着。

他对朋友说："一想到安的坟被风吹雨打，我就受不了！"

州议员的任期是两年。林肯在任期届满后，便不再竞选，其中原因很多，也许是看不惯其他议员的作风，也许是想再充实自己，以便日后成为杰出的政治家。

后来林肯参加律师考试，他的努力没有白费，终于成为正式的律师。

"恭喜你了，亚伯！"

纽赛兰的一些朋友们，都很为他高兴。大家都以为他将在纽赛兰发展事业，但是林肯却悄悄地离开了。

他认为自己应该到较大的春田镇去求发展。

解放者——林肯

要离开已经住了五年的纽赛兰，心里多少有点舍不得，但是这里是恋人病逝的地方，一想起来就难过。再说，自己还年轻，应该到别的地方去见见世面。

"目前州政府已迁到春田镇，其他的机构，也都会陆续迁移过来，已经很像个大都市了。在那种地方当律师，才会有前途。"林肯想。

林肯，这位乡下律师，就像开垦区内经常迁移的移民一样不断迁移。绑在马背上的皮箱，就是他的全部家当。

到了春田镇，林肯来到一位名叫史比特的人所开的杂货店，想买一张床。

"这张床多少钱？"

"算你17元就好了。"

林肯很为难，因为他的口袋里只有7元钱。

"我的钱不够，你能不能先把这张床借我，我想在这里开一家律师事务所。如果顺利的话，不用多久就可以还你。"

林肯的个性就是这样，有什么困难就直言不讳。

"没有关系，你拿去用好了。我想你也需要一个安身的地方。如果不嫌弃，我的二楼有个小房间可以租给你。"

史比特很热心地替林肯着想。

知识链接

国会议员

国会议员是指一个国家国会的成员，在英国古代是由贵族、主教或富商所担任，能参与投票选出议员的选民有财产限制，并非人人可投票，20世纪后通常是由人民经选举产生的民意代表，但英国上议院议员依然不经民选而由世袭贵族与首相推荐产生。上下两议院主要职责是代表人民在国会发表意见或提出法案参与表决等。

依各国国会名称的不同，国会议员也会有不同的名称，例如众议员、参议员、立法委员等。国会议员的任期在各个国家亦有所不同，一般为三至五年。

林肯租下了杂货店二楼的小房间之后，便去找史都华。史都华见林肯来了，非常高兴地对他说："我将来要竞选国会议员，如果当选，就不能再当律师，你来了正好可以和我合作，以后我就没有后顾之忧了。"

原来不知如何创业的林肯，没想到一切如此简单地就解决了。

于是两个人就在法院附近，开了一家律师事务所。

四度竞选州议员

位于开垦区中心的春田,是个不算小的市镇。主要街道的两旁,有很多的杂货铺、农具店和酒吧。杂货店里的商品,有很多是林肯从未见过的。

从小就穿鹿皮裤子长大的林肯,在他的印象里,凡是生活上的必需品,多半是家人自己动手做的,但是现在商店里什么东西都有,难怪他会惊讶。

※道格拉斯

林肯每天上班,都要经过几家商店,每次看到店里挂着的那些漂亮衣服,就会想到死去的母亲和姐姐,她们一辈子都没有穿过这种衣服。

律师事务所的工作比想象中的轻松,由于史都华律师的名气很大,来委托办案的人很多。刚考上律师执照的林肯,工作极为认真,不管多么微小的案子,他都很热心,因此大家对他的印象极好。

租房子给林肯的史比特年龄与林肯相仿,非常好客。他家里经常有朋友聚会,林肯常常应邀参加。久而久之,林肯逐渐成为这群人的中心人物。

另一个受欢迎的,就是道格拉斯。

林肯属于自由党,道格拉斯属于民主党,这两个不同政党的人,经常有不同的意见。大家对于他们之间的论战最感兴

解放者——林肯

趣。不过，辩论归辩论，这两个人彼此还是互相尊重。

不久，又到了竞选州议员的时候了。

这次的选举，必须和敌对党的候选人公开辩论。

一次，一位民主党的候选人发表演说时说："自由党的绅士们个个都穿着最好的衣服，挂着金表，坐着马车出入，像个贵族一样；不像本党……"

林肯听他这么说，纵身上了讲台，大声说道："说话要有凭有据，不可以乱讲！"

对方吃了一惊，闪避之间，身上挂的金链子露了出来，挂在链子下端的金表亮晶晶地闪着光芒。台下的人看了，不禁哄堂大笑。

林肯正色说道："各位，自由党的人是否像贵族一样，看看我就晓得了。我是在内陆拓荒地长大的，上山下田，什么事都干过，请看看我的一双手，像贵族的手吗？我现在仍然很穷，每当看到自己的双手，我一样觉得自豪……"

群众都静静地听着。

这次的选举，自由党仍然没有什么出色的人选，但只有林肯例外，他当选了。

林肯的个性和善，如果发现自己有错，立刻会自我改正。在与对方争论时，不会显出咄咄逼人之势。相反，他可以在很紧张的场面中穿插些轻松的话，缓和大家的情绪。

但是当他一个人独处时，却显得十分沉静严肃。

由于他的锋芒渐露，大家都认为下届议员竞选时，自由党一定会提名林肯。

两年后，1840年，林肯31岁。林肯第四度竞选，又当选了。

这个时候，林肯已经成为春田镇的名人了。但是他那高瘦的身材、松垮垮的衣衫、埋头踏着大步走路的样子，仍然像个乡下人。

知识链接

自由党

自由党又可以译为自由意志主义党或自由人党，是一个在1971年成立的美国政党。它是美国最大的第三政党之一，拥有超过200000名注册选民，以及超过600名党员担任公职，包括市长、郡政府官员等政府官职，使自由党自称为美国第三大政党。自由党的党纲宣示将贯彻自由意志主义的理念，主张减少政府管制，坚定支持自由放任的市场经济以及公民自由。

邂逅玛莉·特多小姐

当时在春田镇，有位名叫尼尼安·爱德华的青年富豪，他的父亲当过参议员，是有名的政治世家。

爱德华与林肯同年，对政治很感兴趣，热衷于社交。他很欣赏林肯，每次举行宴会，都邀请林肯参加。

※玛莉·特多小姐

不论大小宴会，每次都有社会名媛、闺阁千金等参加，钗光鬓影，满室生香。

"我实在无法适应这种生活！"

在那些穿戴得花枝招展的妇女面前，林肯总显得很不自在，一双长手，不知道往哪儿摆才好！

一个下雪的晚上，林肯又很勉强地应邀去参加舞会。

爱德华一看见林肯来了，立刻迎上去说："你来得正好，

解放者——林肯

我介绍一个人给你认识。"

在人群中，林肯发现了一位美丽的小姐，她那姣好的面容，焕发着青春的气息，亮晶晶的眼睛里充满了智慧的光芒。那种气质和风范，十分引人注目。只见她穿着质料很好的大蓬裙，颈项和手上都戴着珠宝，闪闪发光。

"这是我妻子的妹妹，玛莉·特多小姐。"爱德华这样介绍着。

不善交际的林肯显得很不好意思，弯了弯腰，不太自然地说："请多指教。"

玛莉是肯塔基银行总裁的千金，22岁，个性开朗大方，交际手腕很高明，在任何舞会中，都会成为中心人物。

美丽的玛莉，对文学、艺术都有涉猎，很会弹钢琴，口才也好，不但可以陪着太太小姐们聊天，也能够和男人们高谈阔论。

从此以后，林肯经常在爱德华的宴会上遇到玛莉。

"我从来没见过这么美丽的小姐！"林肯在心里这样想。

因为玛莉健谈，林肯慢慢地也和她熟了起来，两人常在一起聊天。但是玛莉是个任性的小姐，她想说什么就说什么，不管对方的反应如何。如果有人反对，她就会生气，而且无论在什么场合，若不能成为主角，就不高兴。

"我第一次看到你，还以为你是从森林里钻出来的呢。"玛莉经常如此取笑林肯。

林肯也知道自己是个乡下人，但是，被人当面取笑，终究是很难堪的事。不过，看见玛莉笑脸迎人的娇态，他就生不起气来了。

"我并没有爱上玛莉。"林肯常常这样对自己说。

爱德华的宴会上，另外有一位引人注目的绅士，他就是活跃于州议会的史蒂芬·道格拉斯。

道格拉斯风度翩翩，像个贵公子，举止文雅，处处都超人一等。

※林肯夫人

※结婚后的林肯

大家都认为道格拉斯与玛莉是天造地设的一对。

玛莉也知道别人都这么猜测。有一次在舞会上,她对朋友说:"我选择对象不必有钱,只要将来能当总统,我就嫁给他。"

爽朗、聪明而又好胜的玛莉,很早就有这种梦想。

终于,林肯向玛莉求婚,玛莉居然答应了!

虽然如此,林肯仍常常想:"她对我很有吸引力,但是,到底是不是我理想的妻子?"

由于林肯是个工作认真的人,因此不能常常陪着玛莉,娇纵任性的玛莉经常为了这件事而生气、闹别扭。

林肯的一颗心又开始忧虑起来,这虽然是个人人羡慕的婚姻,但是为什么一开始就这么不顺利?

不久,林肯终于和玛莉解除了婚约。

"世界上没有一个人比我更不幸的了!"林肯在当天的日记上写下这么一句慨叹的话。

因为好朋友史都华当选众议员,到华盛顿去了,林肯的苦衷只好诉之于史比特。

刚好此时史比特把杂货店转给了别人,打算回肯塔基州去。

他知道林肯心情不好,便对林肯说:"跟我一起到肯塔基去旅行,也许你的情绪会好一点。"

林肯心想也好,便和他一起坐船到肯塔基去。

春天的肯塔基州,草原和丘陵正是一年中最美丽的时候。

林肯感到最高兴的,是拜访了史比特的母亲,这位老人家好像自己的母亲一样。

这次旅行,使林肯变得开朗

解放者——林肯

多了。回到春田镇,有许多事情等着他。

史都华当了国会议员,原来两人共同经营的律师事务所必须再找一位合伙人。于是林肯又找了一位名叫罗根的搭档,重新挂上了"林肯、罗根律师事务所"的招牌。

罗根工作很认真,许多事情都由他负责,因此林肯可以安心处理议会的事。

不过,林肯只有在工作时与人相处,下了班之后,就一个人过着孤寂的生活。

一天,林肯听说玛莉在解除婚约之后,非常伤心,无论什么舞会都不再参加。

林肯知道玛莉是为了自己,心里感到难过,认为是自己的责任,心情更加烦闷。

有一天晚上,春田报社的编辑举行宴会,林肯和玛莉都应邀参加。这位编辑有意撮合这两个人,特地制造了这个机会。林肯和玛莉已经一年半没有交谈,彼此见了面之后,都说出了心里的话,经过一番叙旧,两个人又恢复了感情。

就在1840年的11月,两个人结婚了。

※林肯夫妇

乡下律师

林肯租了个房子，与玛莉开始过新生活。虽然这个房子并不豪华，不适合千金小姐居住，但是玛莉不嫌弃，心满意足地当个穷律师的妻子。聪明的玛莉，将有限的收入处理得很好，使林肯可以安心工作。她有空的时候，也帮林肯处理一些事情。

林肯觉得很幸福。

过了一年半，玛莉生了个男孩，林肯很担心小孩和自己长得一样难看，但是婴儿太小，看不出来像谁。

※玛莉·林肯像

孩子的哭声响亮，林肯很高兴，为孩子取名为劳勃特。

渐渐地，林肯发现自己与玛莉在个性上相差太多。

"我并不想过奢侈的生活，不过，亚伯实在太邋遢了，真讨厌！"玛莉毫无顾忌地向别人这么说。

林肯不是一个讲究穿着的人，现在的他虽然每天穿着白衬衫、黑西装，打着领带，可是经常领带歪了也不知道，照样在街上行走。

他虽然已经是地方上的知名人士，但仍然保持着农民的朴实作风。

解放者——林肯

一年当中,会有一两次的巡回审判,由法官和律师到各乡镇去解决争端,林肯很喜欢这种工作。

一天在乡下的马路上,林肯看见一位老妇人肩上扛着大捆的麦子,蹒跚地走着。

林肯立刻从马车上跳下来,说:"您要到哪里去?我替您送去。"

说着,便把麦子扛在自己肩上。

他这种诚挚的态度,极受农民的欢迎。

由于他随时随地帮助别人,所以衣服很容易弄脏。

林肯从不摆架子,因为那种作风跟他的个性不合。

有时候晚上很晚还有客人来拜托他办紧急的案子,林肯就穿着睡衣起来开门。

"你这样子真是太不礼貌,多难看呀!"

玛莉认为很丢脸,非常生气。

"对待客人,何必那么严肃?"林肯这么说。

林肯有些举动,简直使玛莉完全无法忍受。有时候林肯即使穿得很正式和玛莉去参加宴会,玛莉也不满意:"你为什么总是那么土?像个农夫似的!"

玛莉生性好强,家事处理得井井有条,在社交界很活跃,任何事情都不愿意输给别人。自己的丈夫,当然也不能比别人差。

这两个人在生活上经常摩擦,每次发生争执,不善讲话的林肯都

※林肯纪念堂

处于下风。

外人觉得这对夫妻好像很幸福,其实并不见得。

因为有了小孩,玛莉一直想要一个更大的房子,最好是有十个客房的大宅院。林肯拗不过她,最后,终于在市内较安静的地区买了新房子。这座房子虽然不合玛莉的理想,但以后两人不再为此吵架了。

每次外出,林肯都戴着一顶像烟囱一样的高帽子。他的个子本来就又高又瘦,这样一来,更显得像根竹竿似的。这种外表,根本不像漂亮的玛莉的丈夫。

林肯的心情比他和玛莉解除婚约时更加沉郁了。

有时候太阳已经下山,他仍留在办公室里,不想回家。

虽然家庭生活没什么乐趣,但是他在工作上,却赢得许多人的信赖,他也把大家都当作朋友,不管对方是贫是富,都一视同仁。

林肯认为,建立一个人人幸福的社会,是政治家的责任,也是律师的义务。

他参加巡回审判时,最喜欢和乡下的农民聊天。这时候的林肯,比在家里快活多了。他很高兴自己能够与众多的人接触,了解民众的需要。

结婚以后,林肯就不再竞选州议员,他专心从事律师工作。

大家都以为林肯会在这个小地方待一辈子。

但与他合伙的罗根,准备去竞选州议员了。于是林肯请了一个名叫威廉·汉顿的年轻人来当助手。

事实上,林肯另有他的抱负。

他愈了解民众,抱负就愈大。

※林肯纪念堂内的林肯塑像

解放者——林肯

想要改善社会，必须了解人民的需要，把民众的事当成自己的事。

1846年，林肯37岁。这一年正逢国会议员选举。

美国的国会分为参议院和众议院，相当于英国的上院和下院。两院的议员都由每州投票选出，参议院的名额，每州限定为两名；众议院的名额，依州的人口多少来分配。

众议员代表人民，参议员代表州。也就是说，众议院的意见和立法，必须经过参议院的审核和决定。

1823年，门罗总统宣布："美洲不干涉欧洲的政治，欧洲也不要干涉美洲的事务。"

他的方针很正确。

当时欧洲各国连年发生战争，彼此都弄得精疲力竭，而美国却趁这个时候，迅速发展。

美国自从独立以来，就存有一种要胜过英国的竞争心理，但是这种心理，却变成妨碍自由的绊脚石。

美国与邻国墨西哥之间，有块地叫作德克萨斯，人烟稀少。墨西哥一直认为这块土地是他们的，但是在1845年，美国却把它编入版图。

墨西哥政府非常震怒，遂在第二年发动了战事。美国方面由提拉将军领导迎战，大获全胜。

"哇！这么一大块地方，都是我们的了！"

美国人民都很高兴。

林肯当选国会议员，前往首都华盛顿，恰好是这个时期。

这位高个子议员在国会中，一下子就吸引了别人的注意："他是谁？"

"哦，是伊利诺伊州来的乡下律师！"

国会议员中，有很多人看不起他。

一向和善固执的林肯，针对美、墨战争的问题，上台发表演说。

"这次战争，并非美国国民的意愿，而是属于民主党的波克总统，为了收买南方各州的人心所发动的战争。这是一次不正当的战争，而且又牺牲了很多宝贵的生命。这些责任，必须由总统负责！"

只要林肯认为是对的，就直言不讳。在全国为胜利欣喜不已时，他却说出了相反的意见。

国会议员对他大胆的言论，都感到惊异万分。没有一个人赞成林肯的主张，连伊利诺伊州的人也都批评他的演说，很多人开始讲他的坏话。

为什么人们不承认对的意见？

林肯开始感到失望。

在国会开会期间，林肯也因其他的事感到困扰不已。因为一些支持林肯的选民，纷纷来找林肯帮忙，有的想当官，有的想包揽某项工程。

知识链接

美国国会

美国最高立法机关，由参议院和众议院组成。参议员由各州选民直接选出，每州2名，实行各州代表权平等原则。现有议员100名。当选参议员必须年满30周岁，作为美国公民已满9年，当选时为选出州的居民。任期6年，每2年改选1/3，连选得连任。众议员数按各州人口比例分配，由直接选举产生，每州至少1名，人数固定为435名，必须年满25周岁，作为美国公民已满7年，当选时为选出州的居民，任期2年，连选得连任。两院议员长期连任现象极为普遍，议员不得兼任其他政府职务。

美国国会行使立法权。议案一般经过提出、委员会审议、全院大会审议等程序。一院通过后，送交另一院，依次经过同样的程序。法案经两院通过后交总统签署；若总统不否决，或虽否决但经两院2/3议员重新通过，即正式成为法律。国会还拥有宪法所规定的其他权力，如对外宣战权、修改宪法权等。参众两院各自还拥有特殊权力，如总统与外国缔结的条约及总统任命的高级官员须经参议院"咨询和同意"；参议院还有权审判弹劾案，有权在特殊条件下复选副总统；众议院有权提出财政案和弹劾案，有权在特殊条件下复选总统。国会立法活动常受院外活动集团的影响。

国会两院在各自议长主持下工作。众议院议长由全院大会选举产生，副总统是参议院的议长。两院均设有许多委员会，还设有由两院议员共同组成的联席委员会，国会工作大多在各委员会中进行。

※美国国会大厦

解放者——林肯

如果是整个州的事，林肯一定义不容辞地帮忙，但是这些为自己牟私利的要求，林肯一概予以拒绝。正因为如此，林肯在伊利诺伊州的声望开始下跌。

虽然来到了国会，但是一切都不理想。因此，在任期届满后，林肯又回到了春田，依旧当他的乡下律师。

玛莉想要在社交界一展身手的美梦已告幻灭，但是林肯觉得如释重负。

他暗自庆幸地说："再也没有比当个乡下律师更好的了！"

春天来了，天气一天比一天暖和，林肯又跟随法官到各地巡回审判。

草原上野花遍地，田地里一片绿油油的小麦，在微风吹拂下掀起一阵阵的麦浪。

林肯来到乡野，就好像回到了少年时代。

在这里，即使穿着破皮鞋、脏裤子，也没有人说闲话。抵达目的地之后，亲自把马刷洗一番，也是一种乐趣。

晚上在小木屋里与农夫们聊天，更使林肯感到自在。

巡回审判的旅行，大约要进行三个月之久。

乡间的案子，不外是某家的猪被窃，某人的地界受到侵占等一类的小事。但是林肯每次都尽心为他们服务。

一天，某村落发生了少见的杀人事件。

有一个叫密加的年轻人被杀死在田地里，一个叫查理斯的男子作证说，他曾亲眼看见达夫是凶手。

林肯刚抵达村落，一位老妇人早已守候在路旁。

"我是达夫的母亲，达夫是个乖孩子，他绝不会杀人，我要请你为我儿子辩护。"

这是一位看起来慈祥而又诚实的老妇人，林肯被她的爱子之心感动，便接受了她的委托。

经过四五天的深入调查，林肯发现查理斯与死者密加曾为一女子争风吃醋，查理斯怀恨在心，杀死密加之后，嫁祸于毫无关系的达夫。

开庭的那一天，有很多人来旁听。

证人查理斯被传来，站在法官前叙述密加被杀死时，他所看到的情形。

林肯默默地听着。最后，他站起来说："这个案子发生在晚上十一点半，你说因为当晚是满月，所以你看清了凶手的脸。可是经过我的调查，当晚不是满月，而且十一点半时，月亮已经隐没，在那样漆黑的晚上，你如何看得见是达夫做的？"

查理斯一听，脸色乍变，他的谎言一下就被拆穿了。

"我最讨厌欺骗和不正当的行为，我是诚实与正义的朋友，我要尽力消灭社会上的欺骗事件！"最后林肯这样说。

这虽是普通的乡下案子，但林肯仍努力维护正义。

参加巡回审判期间没有什么收入，可是回到春田，收入就好多了。收入增加，最高兴的是玛莉，她买了马车，雇用车夫，坐着马车到各处去。家里顿时热闹了起来，有时一连好几个礼拜，天天晚上都有宴会。

玛莉把家里重新装潢了一番，曾举行过有一百位来宾的大宴会，她感到很满足。但是林肯除非不得已，绝不参加这样的交际。

林肯到国会去的那一年，有了第二个男孩，现在正是孩子们最可爱的时候，林肯工作之余，就带着两个孩子到森林去玩。

因为经常做户外活动，两个小孩的身体都很好，也很调皮，但是玛莉希望孩子们像小绅士一样，不要太顽皮。

常有一些衣着华丽的朋友前来拜访玛莉，他们往往遇到只穿着一件衬衫，在院子里劈柴的林肯。

"我是在运动。"

林肯这样解释，玛莉却认为很丢脸。

林肯下了班之后，有时不回家吃晚饭，留在小店里与工人、农夫、木匠等人聊天。他从不选择交际对象，愿意与任何人接近。但玛莉就不一样了，她交朋友必须适合自己的身份。

随着岁月的增加，两个人思想的差距愈来愈大。林肯一回到家，就默默地不说话。除了逗孩子们以外，很少听到他的笑声。

很不幸的是，老二爱德华突然因病夭折了！

林肯深感悲痛，本来消瘦的脸更凹陷了。

两年之后，老三威廉出生。又两年，老四汤玛斯出生。

这时候，林肯的脸庞才略为舒展一些。

也许是爱上了开垦地的人，也许是爱上了自己的儿子，总之，有好几年的时间，林肯忘记了政治上的事。

但他那忧郁的面孔，一直未见改变。在他的内心深处，有个沉重的问题存在着。

那就是奴隶问题。

解放者——林肯

废止奴隶制运动

既然同样是人，就应该享有同样的平等自由，但是黑人却被当成奴隶，像牲畜般被驱使。

为什么以自由平等为建国精神的美国，会容许这种事情存在？

但是，反对者也并非没有理由，如果没有奴隶，棉花的产量就会锐减，美国就会成为贫穷的国家。

而且，根据美国宪法，是否废止奴隶制，必须由各州自己决定。废止奴隶制的叫作自由州，继续使用奴隶的就叫蓄奴州。自由州多半在北方，蓄奴州则集中在农场很多的南部。在地图上，以北纬36°30′为界，南北之间截然区分开来。

※自由平等是每个人所向往的。图为美国自由女神像

但是这样一来，产生了不少麻烦。

黑奴们都尽量设法逃到自由州去。从农场主人的立场来说，黑奴是他们花钱买来的，属于他们的财产，当然不甘心平白无故地受损失。他们对于自由州的做法，都感到很气愤。

从此州与州之间，产生了许多矛盾。

南方各州与北方各州的对立，也就等于民主党与自由党的对立。

1820年，当林肯还是少年时，位于伊利诺伊州西方的密苏里成为州。这个州在若干年前有很多奴隶，当它成为一个州时，南方人以为这个州一定会成为蓄奴州。不过，它却位于北纬36°30′以北。

"在这条线以北，不能有蓄奴州。"

国会上，北方议员强烈反对，南方议员则强烈争取密苏里州。经过激烈争执之后，终于达成了一致协议：

"密苏里州就让它成为蓄奴州，但是今后这条线以北，绝对不能有蓄奴州。"

这就是所谓的《密苏里协定》，奴隶问题总算告一段落。

但是，这种问题并不是一纸协

※传教的基督

解放者——林肯

定就可以解决的。

黑人在美国，已经有了第二代。第二代的青年，有的受到爱心人士的帮助，接受了相当的教育，那托·泰纳就是其中之一。

泰纳笃信基督教，住在弗吉尼亚州，经常为不幸的黑人传教。

泰纳每次看到自己的同胞受到欺凌，都怒不可遏。

1831年，终于发生了问题，一群黑人以泰纳家为中心，发起了暴动，持械抢劫农场，杀害女人和小孩。

长久压抑在心中的不满一旦爆发，就会变得不可收拾。政府花了很大的工夫，才把暴乱镇压下来。当然，因此被杀死的黑人不在少数。

对此事感到震惊的，不只是弗吉尼亚人。南方的蓄奴州为了防止类似事件的发生，也订立了新法律，禁止黑人集会，不许教黑人识字，没有主人许可，黑人不能离开农场一步。黑人原有的一点点自由，也完全被剥夺了。

在泰纳事件发生的同年，波士顿发行了名为《解放者》的周刊。这本杂志，专门宣传废止奴隶运动。

创办者名叫威廉·亚历逊，年方二十七八岁，为人极富正义感。

很多人虽然一向反对奴隶制，表面上却不敢声张。现在出现了这本杂志，大家也比较敢说话了。

这本杂志的读者愈来愈多，声势也愈来愈大。亚历逊与读者成立了一个反对奴隶制的组织。

但是亚历逊血气方刚，做事的手段太激烈，他偷偷地把黑人从农场里运出来，送到自由州或加拿大去，这些做法，都是违反法律的。

很多人不赞成他的做法，便又另外组织了一个团体。

总之，一位热血青年登高一呼，使得这个运动逐渐扩展开来。

1846年，林肯37岁，再次参选国会议员。这次，他当选了。

波士顿

波士顿，是美国马萨诸塞州的首府和最大城市，也是新英格兰地区的最大城市。该市位于美国东北部大西洋沿岸，创建于1630年，是美国最古老、最有文化价值的城市之一。波士顿是美国革命期间一些重要事件（如波士顿倾茶事件）的发生地，曾经是一个重要的航运港口和制造业中心。现在，该市是高等教育和医疗保健的中心，其经济基础是科研、金融与技术，特别是生物工程，并被认为是一个全球性城市或世界性城市。

汤姆叔叔的故事

1833年，英国取消了奴隶制。1837年，英、法等四个国家明文规定禁止贩卖奴隶。

这些举措，使得美国反对奴隶制的运动更加激烈。

南方各州的人认为不能再保持缄默了，纷纷促请政府禁止这项反对运动。他们甚至说，如果政府再让这个运动发展下去，南方各州便将自行独立，另建一个国家。

反对奴隶制的运动，已经变成足以引起战争的政治问题，美国分成了南北两派。

第七任总统安德鲁·杰克逊认为美国绝不能分裂。他向南方各州妥协，于是中央政府开始取缔反对奴隶制的运动，亚历逊被捕，《解放者》杂志被禁，同时政府下令不能发表任何有关奴隶问题的演说。

但是，要求解放黑奴、给予黑人自由的呼声，仍然有增无减。

北方各州的报纸多半会刊载呼吁解放黑奴的言论，虽然

安德鲁·杰克逊

解放者——林肯

《解放者》被禁,但其他的刊物又出现了。

这些刊物中,有一份叫作《国家时代》的周报,1851年6月开始连载一篇叫作《汤姆叔叔的小屋》(又名《黑奴吁天录》)的长篇小说,一共刊载了40期。

这篇小说所描写的,正是黑人的悲惨遭遇。读者们看了,莫不感动流泪,悲愤不已。

第二年,小说印成单行本,立刻被抢购一空,出版商一版再版,还是供不应求。

"解放可怜的奴隶吧!"

到处都可以听到这种呼声。

自从去过新奥尔良后,奴隶的影子从未离开过林肯的脑际。

他当过州议员,也当过国会议员,接触过各种各样的问题,但是他最关切的,还是奴隶问题。

因为林肯居住的伊利诺伊州是自由州,奴隶问题并未导致尖锐的社会矛盾。亚历逊也曾在伊利诺伊州开展过废止奴隶制的运动,但手段偏于激烈,所以州议会打算予以禁止。

当时林肯还是州议员,他提出争辩说:"他们的做法,也许太激烈了一些,但是如果加以禁止,会让一般老百姓觉得这个运动是错误的,我们不可以这样做。"

林肯出生的肯塔基州是蓄奴州,位于伊利诺伊州隔邻的密苏里州,也是蓄奴州,因此有很多黑人都逃到伊利诺伊州来谋生。这些黑人虽来到了自由州,但没有人承认他们是公民,无法享有公民的权利。

※ 马丁·路德·金是美国黑人人权运动的领袖

当然，伊利诺伊州偶尔也会出现奴隶的买卖。

春田镇近郊有个人买了一个女黑奴，因为没有付清价款，被人告了一状。

这个人请林肯为他辩护。

"这个女黑人是她的父亲来伊利诺伊州之后才出生的，因此她不是奴隶，别人没有权利买她或卖她。"林肯说。

林肯在法庭上与对方的律师展开了激烈辩论。结果法官判定林肯胜诉。

旁听的人纷纷鼓掌叫好，林肯却说："我只不过是把对的事情伸张出来而已。"

林肯爱自由、正义，更爱以自由为理想的美国，奴隶制违反人道，岂可容许存在于自由至上的美国？

现在为了这个问题，美国几乎要一分为二。如果南方和北方真的分裂了，英国是一定会帮助南方的，因为他们需要美国南方所产的棉花。

当初美国之所以独立，是为了向英国争取自由，是一个为了维护人民的自由而诞生的国家。

如果美国分裂，引来英国干涉的话，来之不易的自由，立刻又会变质。

林肯不赞成为了解放奴隶，而不惜使国家分裂的主张。

林肯虽是乡下出身的律师，但他对美国是个自由国家这一点，比任何人都感到骄傲。

现在奴隶问题演变成政治问题，是他所始料不及的事，为此他深感困扰，一直在心底思索。

就在这段时间，美国有了更大的发展。

位于伊利诺伊州北部的芝加哥，原来只是一个小镇，1853年，铁路铺设到此之后，发展得十分迅速，不久就成为大都市了。

美国西端，太平洋沿岸的加州，原来也是人迹罕至的地方，但是在1848年，发现金矿以后，消息很快传遍了美国。许多人为了黄金梦，纷纷离开家园，不远千里前去淘金。

从东部到西部，必须翻过落基山，越过沙漠，经过旷野。多少人在旅途中病死、饿死，或被野兽吃掉，但是这些都不足以降低淘金的热潮。

短短的两三年之间，太平洋沿岸出现了许多城镇。美国的版图，已扩大到西端的边缘了。

原来东岸的都市，如纽约、波士顿、费城等，已发展成为国际性的大都市。匹兹堡等地，也有了工业城的雏形。美国已经成为世界上的大国了。

解放者——**林肯**

※ 因早年的淘金热，加利福尼亚州又被称为"金州"。图为加州旧金山海岸风光

1853年，林肯44岁。

这一年又有新的事情发生。

密西西比河西方，有堪萨斯、内布拉斯加两块很大的土地。现在这两块处于美国正中央的地区，都已成立为州。

这两个州位于北纬36°30′以北，照理该属于自由州。但是南方人不答应，于是南北双方又起了新的争执。

受到南方人支持的民主党，认为自己占多数席位的优势，便主张说："这两个州要成为自由州还是蓄奴州，应该让两个州的州民投票决定。"

这种说法听起来似乎很尊重州民的意见，殊不知却否定了原先北纬36°30′以北不能设蓄奴州的协定，而且这样一来，以后这条界线便失去了意义。

北方人非常气愤南方人这种不讲信用的作风，发出了谴责的怒吼。南北双方，重燃起仇恨的火苗。

为了获得投票上的胜利，南方有很多人纷纷搬到堪萨斯州去，这些移民，多半是民主党用钱收买的失业者和流浪汉。

北方看到这种情形，也不甘示

71

弱，也送了许多移民到这两个州去。

就这样，南北双方的移民在这两个州内正式起了冲突，结果发生了流血暴动，死了很多人。

同样是美国人，为什么要互相残杀？

南北两方的人，彼此严厉指责。

林肯的困扰也随之愈来愈多了！

不巧的是，林肯所属的自由党，因为一直没有出现有力的领导人，终于濒临解散。

1854年，原来一些自由党的重要人士重新组织了共和党，林肯就此加入了这个新党。

共和党用来对抗民主党的，便是奴隶问题。

对此问题有深刻了解的林肯，不久便成为该党的领导人之一。一直住在乡下的林肯，终于站出来，为正义和自由做艰苦的争战了！

知识链接

美国的主要政党

美国有多个党派，但在国内政治及社会生活中起重大作用的只有共和党和民主党。

共和党：共和党由自由党发展而来，成立于1854年。1861年林肯就任总统，共和党首次执政。此后至1933年的七十多年中，除十六年外，共和党一直主政白宫。1933年以后，曾由艾森豪威尔、尼克松、福特、里根、老布什执政。一般在总统大选中投票给该党候选人的选民即为其党员。

民主党：其前身是1792年杰斐逊创立的民主共和党，建党初期主要代表南方奴隶主、西部农业企业家和北方中等资产阶级的利益。19世纪初，民主共和党发生分裂，一派自称国民共和党，后来改称辉格党。以杰克逊为代表的一派于1828年建立民主党，1840年正式定名为民主党。19世纪50年代末，民主党发生一次分裂，部分北方民主党人参与组建反奴隶制的共和党。1861至1885年民主党在野。在1885至1933年的四十八年中，该党执政十六年，先后由克利夫兰、威尔逊出任总统。1933年开始，民主党人罗斯福、杜鲁门、肯尼迪、约翰逊、卡特、克林顿先后当选总统执政。民主党党员是大选中投其候选人票的选民。

其他政党有绿党和改革党等。

两度落选

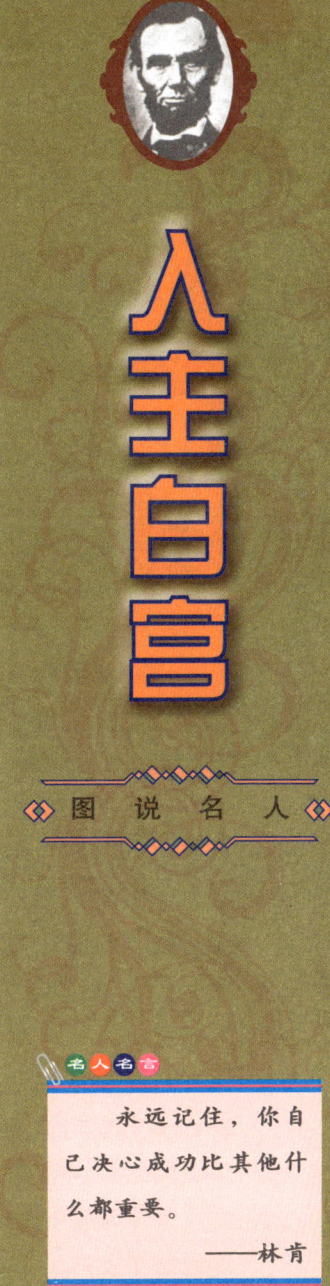

1854年,有参议员的选举。林肯仿佛觉醒的狮子,他站了起来,参加了这次竞选。

参议员的名额,是每州两名。林肯这次的竞争对手,是民主党的道格拉斯。

当林肯在春田当州议员时,道格拉斯也是州议员。

当时他们都是二十多岁的青年议员,在春田镇的各种集会中,经常可以见到他们。一个是朴实无华的农家子弟,一个是风度翩翩的公子。这两个人个性、外表都不相同,他们的意见,也往往相左。

后来道格拉斯在仕途上一帆风顺,当选为参议员,又成为州高等法院的法官。此时已是民主党的有力领导人之一。

大家都认为,下一届的大选,民主党一定会提名道格拉斯参加总统竞选。

当堪萨斯和内布拉斯加的问题扩大时,主张由州民投票来决定是否成为蓄奴州的,便有道格拉斯。

道格拉斯本人,原意并不赞成奴隶制,但是民主党一向受南方各州的支持,必须为南方各州的利益着想。同时,为了替自己日后竞选总统铺路,道格拉斯极力支持这个主张。

结果,堪萨斯与内布拉斯加发生了流血暴乱。

名人名言

永远记住,你自己决心成功比其他什么都重要。
——林肯

※ 林肯与道格拉斯辩论

一直想采取温和手段解决问题的林肯，觉得自己必须振奋起来，因为竞争的对象，是从青年时代就一直对立的道格拉斯。

道格拉斯在参议员的任期届满后，立刻到芝加哥去发表演讲。芝加哥现在已是伊利诺伊州最大的都市了，道格拉斯一直深受当地市民的欢迎。

可是当他抵达芝加哥时，却发现许多人家门口都悬挂半旗，而演讲会的结果也糟透了。

原来堪萨斯与内布拉斯加的问题触怒了支持民主党的市民。

道格拉斯又到春田参加竞选演讲会。

"将堪萨斯和内布拉斯加的问题交由两州的州民来解决，是尊重州民的自由意志，这才是真正的美国精神。现在一些不了解内情的人却因此引起纷争，实在是遗憾之至！"

道格拉斯还说，如果解放了黑奴，他们无法独立生活，情况会更惨。

在这场演讲会上，林肯接着走上讲台。他的口才虽没有道格拉斯好，但是他的演讲词充满了激愤的情感，十分吸引人。

"奴隶制一定要废止，绝对不容许存在！"

"堪萨斯与内布拉斯加的事件，是美国辉煌历史上的污点。以后每当有新州成立时，可能又会重演。同一个国家的人民彼此仇恨、残杀，结果一定会使国家分裂，各位爱好自由、和平的同胞，怎么能

解放者——林肯

够坐视不管呢?"

本来林肯演说时,两只手都不知道往哪儿摆才好,但是现在,他的双手随着激动的情绪上下挥动,更增加了他的声势。

"请大家冷静地想一想,如果一个家庭里的兄弟不和,互相争吵,能够兴盛吗?国家也一样,一半是自由州,一半是蓄奴州,这样的国家,又能维持多久呢?"

竞选演说轮流在各州举行,林肯每次在演说会上,都一再地阐述自由、平等、正义的真谛。

选举结果揭晓,林肯却以微小的差距落选了。

他再度回到春田当律师。

当选战开始时,玛莉极为兴奋,对手又是道格拉斯。为了击倒对方,玛莉也尽了很大的努力。可是结果林肯却落选了,玛莉当然很失望。

"你下次由民主党提名,一定会当选。"玛莉这样讽刺他。

事实上,林肯并不介意自己的落选,因为他觉得自己已经尽力而为,虽败犹荣。但是在家里,他的眉头一直无法舒展开来,只能利用巡回审判的时候去散散心。

※ 演讲中的林肯

75

历史性的论战

1858年，林肯49岁。这年又有参议员的选举。林肯主动地参加了这次竞选，竞争的对象，又是道格拉斯。

这是当年7月间的事。

伊利诺伊州的气候炎热。道格拉斯非常认真地进行拉票。

选举演说首先在芝加哥举行。林肯总是紧接在道格拉斯之后做巡回演说。8月，两个人又在奥特华遇上了。

这两个人的竞争十分激烈，使得整个伊利诺伊州也跟着紧张起来。州民每天都在谈论着到底谁会当选。这一次的演说吸引了无数的群众，使得开往奥特华的火车必须加班。

当天林肯在群众的欢迎下抵达奥特华。他坐着马车，由乐队开道，热闹地来到了会场。

道格拉斯也在壮观的行列引导下，一路游行过来。

会场上的听众挤得水泄不通，总数超过一万人。

道格拉斯说："假如废止奴隶制，等于剥削了我们拥有财产的权利，我们宪法所赋予的自由，现在却受到了这批主张废止奴隶制者的威胁，我们必须努力维护！"

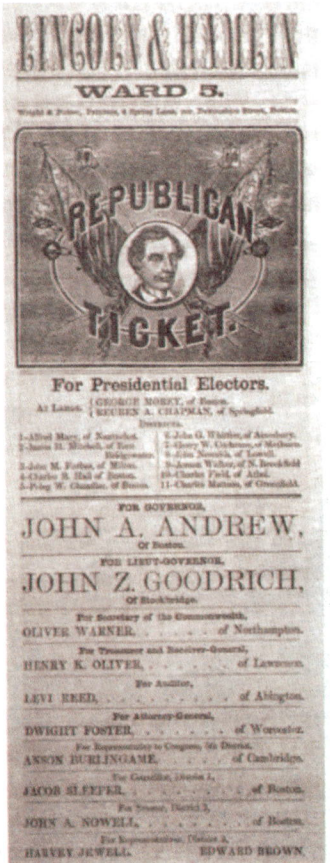
※ 林肯竞选的选票

解放者——**林肯**

※ 林肯与支持者握手

针对这点，林肯说："神是公平的，他也给了黑人自由。既然都是人，黑人也拥有幸福生活的权利。美国的独立就是为了争取自由，居住在美国的每一个人，都应该享有自由。

"民主党的人说黑人无知，不能成为公民。但是神却赋予了黑人智慧，虽然他们现在的智慧并不高，但如果连他们这有限的智慧都给剥夺了，就违反了神的旨意。只要是爱好自由的人，一想到这个国家还有失去自由的人，能不痛心吗？因此，承认奴隶制的人，等于就是不爱国家！"

同时，林肯也不断地提醒大家："分裂的家无法维持长久。"

选战愈来愈激烈，类似的政见发表会也在自由堡、克里敦等地举行。

这次大选预定在秋末时节举行投票。

这天，一早就下着雨，林肯和他的助选员们在律师事务所内等着电报。

没有想到，林肯这次又落选了！

在竞选期间，每次演讲会上，林肯都能受到选民们的热烈欢迎，不过其中也有一部分人是反对废止奴隶制的。

事务所里的人一下子都陷入低潮，有些人还哭了起来。

"这都是我个人的声望不够，但很感谢大家的帮忙！"

林肯说完，拿起帽子，身影在

雨中消失了。

　　林肯虽然在竞选上被道格拉斯击败，但是他的演说却深入人心。

　　一些过去一直反对废止奴隶制的人，也慢慢转而支持林肯了。

　　尤其是开垦区的农民，对林肯深入浅出的演说，印象极为深刻。

　　"分裂的家无法维持长久。"

　　农民们都将这句话奉为真理。

　　他的演说不但全伊利诺伊州都知道，甚至别的州也在谈论着。

　　选举战结束后不久，林肯因审判案件到了布明顿。办完事之后，在回客栈的路上，有人叫住了他。

　　"你不是林肯吗？"

　　这个人，是地方上的著名人物，名叫杰士·费尔。

　　"刚好遇到你，我正在找你。"

　　费尔说着，把林肯请到他家里去。

　　费尔郑重其事地告诉林肯："不久以前，我到过东部很多地方，没想到到处都有人在谈论你，我很惊讶。你与道格拉斯之间的竞争精神，使大家对你很有好感。像你这样的人，竞选总统一定没有问题。如何？下次选举你试试看！当

※林肯（立者）与道格拉斯（林肯右边）展开辩论，竞选参议员

然,你还必须坚定你在奴隶问题方面的立场。"

林肯听了,大吃一惊。

"这未免太开玩笑了,虽然伊利诺伊州的人都认识我,可是其他州根本不知道我这个人。我相信共和党一定有更杰出的人才,说什么也轮不到我这个乡下律师!"

"不,林肯,你不了解你自己。你虽然过去一直待在乡下,但是你出来竞选总统,绝不会输给别人。现在美国的群众对政治界的名人,多半不抱什么指望。他们不管你是不是乡下律师,他们需要一个有信念的人出来领导。

"你就是一个坚守信念的人,只要你认为是对的,就会不顾一切勇往直前。而且,你是在艰苦环境中长大的,最能了解民众的疾苦。你就试试看吧!

"现在美国面临分裂,只有在政治界未曾有过恩怨的人,才能担当这个重任。我观察了很久,发现你是最理想的候选人。"

费尔诚挚而认真地鼓励着林肯。

"别开玩笑!"

林肯沉思了良久,然后望着费尔说:"费尔,谢谢你!听到你这一席话,我了解我的演说在民众中的影响,我有信心了。"

林肯微笑着告别了费尔。

知识链接

布朗事件

1859年10月,林肯在乌拉巴那听到了一个消息。据说弗吉尼亚发生黑人暴动,他们攻击政府的武器仓库。

镇上的人们都很不安,以为所有的黑人都会联合起来攻击白人。林肯也紧张起来,生怕自己一向忧虑的事会发生。

不好的消息频频传来,有人说黑人纵火,也有人说女人和小孩被杀了很多。林肯觉得四周一片黑暗,立刻回到春田。

原来,传闻并不可靠。事情的真相是:一位名叫约翰·布朗(1800—1859)的人,率领了二十几位年轻志士,因呼吁解放奴隶而发生暴动。

约翰·布朗多年以来就是个从事解放奴隶运动的热心人士,他认为用温和的手段无法解决问题,只要有部分黑人敢站起来反抗,其余的黑人就会跟着站起来。

但是,他们的行动很快就被政府军镇压住了,占领武器仓库的青年全被枪毙。约翰·布朗本人被捕,

被送往法院。

案子开始审判时，北方人都主张释放这个主持正义的人，同时还为他请了有名的律师辩护。但是最后，布朗还是被判死刑。

判决后，法官问他："你有什么话要说？"

布朗当时59岁，留着满脸银白色的胡子，两眼炯炯发光。他扫视了满座的旁听席，从容地说："我是为了拯救这些贫穷、悲惨的黑人，才鼓励他们拿起武器来争取自由的。人都是神的子民，在神面前，应该一律平等。我的愿望只有一个，那就是——人人平等。我做的事，相信神也会同意。我接受死刑的判决，但愿我流的血，能唤醒大家的正义感，使奴隶制从这个世界上消失！"

布朗终于被处死了！

这次暴乱事件就这样结束。布朗的话，多少在美国人心中产生了一些作用。一些具有温和想法的学者和宗教家都赞扬布朗的人格。

北方的年轻人，开始认为必须采取行动，否则无法解决问题。如果再发生第二次、第三次布朗事件，南方各州一定会脱离合众国。这样一来，不但国家会一分为二，说不定南北州会因此而发生战争。

林肯知道美国现在的处境十分危险，便请汉顿照顾律师事务所的工作，自己到伊利诺伊州各村落去巡回演讲。

林肯希望让更多的人了解奴隶问题。

有时候，林肯骑着马到遥远的堪萨斯州去。

这个时候，美国举国上下都为了奴隶问题喧腾着，经济方面也受到了影响。

以前生产的棉花，不论多少，都能够销售出去，现在棉花的产量已经太多了，囤积满仓。

这时的总统，是民主党的布坎南。他无法恢复国家的景气，因此，民主党的声望开始下跌。

"下次的总统，该换成共和党的人了。"大家都这么想。

成立不久的共和党，虽然所占的议员席位很少，开会时，经常受民主党议员的控制。但是，共和党以奴隶问题与民主党相争，开始与民主党相抗衡。

解放者——林肯

1860年，是总统的选举年。当年的2月，林肯受邀到纽约去演讲。

为了解决奴隶问题，林肯是不会放过任何机会的，但是这次是在美国第一大都市演讲，他难免会有点紧张。

那天晚上纽约下着大雪，林肯以为来听演讲的人一定不多。但是林肯抵达库巴协会时，才发现大厅内已挤满了人。

林肯已成为奴隶问题的斗士了，大家都想看看这个人到底是什么样子，他到底是怎样的一个人？

当林肯站上讲台时，许多人都感到失望。因为讲台上的林肯，仪表并不出众，又瘦又高，像个农夫，而且有点紧张。

当他开始演讲时，大家更感失望，这个人讲的话毫不出奇，用字造句十分平常。这对听惯政治演说的人来说，实在没有新奇之处。

但是林肯那低沉的声音，似乎具有某种魔力，听众慢慢地都被他吸引住了。会场静得连瓦斯灯的嘶嘶声都听得见，林肯的每一句话都打动听众的心，女人们甚至掏出手帕频频拭泪。

演讲完毕，听众们一齐起立鼓掌，争相与林肯握手。原来想阻止他演讲的人，现在也都改变了态度。

这次的演说非常成功，过去主张解放奴隶的人，只知道南方人太不讲理。他们却不知道隐藏在这个问题后面的真理。

林肯告诉他们，废止奴隶制，是为了争取人类的平等和自由，也是为了全美国的统一。

听众对林肯崇高的理想和强烈的信念都极为赞赏。

"我们应该选这样的人当总统。"

当晚，许多人都这样想。

林肯在纽约结束了成功的演说之后，立刻回到春田镇。

春田现在已经铺上了铁路，有小火车通过。

共和党到底要提名哪一位出来竞选总统呢？他们已经为此事召开研究会了。

共和党中，以蔡思和休瓦特的呼声最高。

没想到，林肯登上了提名榜。

当年5月，共和党在芝加哥举行大会，各州代表都前往出席，选出总统候选人。

正当全国为奴隶问题骚动的时候，由谁来当总统，是非常重要的事。

纽约州的共和党人支持休瓦特，派了200人到芝加哥来。伊利诺伊州的共和党人，当然支持林肯，也来了不少人。

林肯并没有出席这次大会。他在春田镇和平常一样，吃过早饭之后，徒步走到律师事务所去，仿佛

知识链接

美国共和党

共和党是美国轮流执政的两大政党之一。共和党的前身为1792年成立的民主共和党。1825年，民主共和党发生分裂，其中一派组成国民共和党，1834年改称辉格党。1854年7月，辉格党与北部民主党和其他反对奴隶制的派别联合组建共和党。

共和党没有固定的政纲，只有适应每次大选需要的竞选纲领。共和党党员多数是不固定的，凡在选举中投票选举该党总统候选人的选民都被认为是该党党员。共和党全国代表大会每四年举行一次，主要工作是推选该党总统、副总统候选人，通过党的竞选纲领，选举党的主席。共和党的常设最高机构是全国委员会，由主席领导，每年召开两次会议。各州有党的州委员会，县、市和基层选区均设地方委员会和选区委员会。共和党的标记是象。

解放者——林肯

没事人一样。

芝加哥发来的电报从来没有间断过，不停地报告投票的情形，使得林肯也跟着紧张起来。

先来的电报，都是休瓦特占优势。

到事务所来探听消息的人愈来愈多，情绪也愈来愈紧张，快到中午时，终于揭晓了。

"哇！"

欢呼声几乎使得狭窄的事务所爆炸开来。

林肯终于成为共和党的总统候选人。

"恭喜你了，林肯！"

汉顿抱着林肯，高兴得流下眼泪。"谢谢你！"林肯轻拍着汉顿的肩膀，好像在安慰他似的。然后拿了帽子，说了声，"我要去告诉玛莉。"随即匆匆地走出了事务所。

在家里，玛莉不安地等着。只见林肯像往常一样走进屋子。

"怎么样了？"

"我被提名了。"林肯轻描淡写地回答。

玛莉先是愣了一下，当她看见林肯的微笑，这才相信是真的，她快乐地哭了起来。

当晚，春田镇热闹极了！大街上有提灯游行的，有放烟火的。群众聚集在林肯家外，直到半夜还不肯离去。

三天之后，共和党的代表来到春田，正式通知林肯已成为候选人。

这一时刻，林肯家的门前人山人海，欢声雷动。

"万岁！万岁！"

林肯将共和党的代表迎进屋里，说："我很珍惜这项重要的使命，我以我的良心起誓，将尽力完成这项使命。"

林肯的口气很平静，但是他知道，落在自己双肩上的，将是无比的重任！

※ 高楼林立的芝加哥

知识链接

一个小女孩的来信

总统选举在11月举行。选举战在初夏时分就已展开。民主党提出了三位候选人，林肯的政敌道格拉斯也是其中之一。共和党提名的只有林肯一个人。

1860年的总统竞选，可以说是美国独立以来竞争最激烈的一次。主张废止奴隶制的共和党与持相反意见的民主党，都努力地为自己的候选人加油。

两党的演讲会不停地在各处举行。

助选团向全国人民分发林肯的传记，详细记述林肯从小的生活，圆木小屋的贫童，后来又当过船夫、店员、牧场的长工……引起很多人的注目。

"他跟我们一样。"

连南方开拓地的农人，也对林肯的身世感到亲切。

民主党则批评林肯是乡下人，没有读过书，什么都不懂!这种人怎么能当国家的元首?

到了9月，选战更加激烈。林肯在春田静观局势，每天都收到全国各地寄来的信，其中有这样一封：

林肯叔叔：

我看到你的照片，你怎么不留胡子?如果你留起胡子的话一定会更好看，大家都会投你一票。我每天都向神祷告，希望你能当选总统。

字体歪歪斜斜，非常稚气，是个纽约州的小女孩寄来的。

林肯立刻回信给她：

我很高兴收到你的信。我从来没有留过胡子，以后我会按照你的意思留胡子。

果然，林肯从此以后都蓄着胡子。

11月6日，是投票的日子。林肯早上9点就到镇上的电信局去等各地来的消息，镇上的人也都群集在电信局外。

投票在各州举行，因为全国有三十个州，要知道投票的结果，需要相当长的时间。

每当有电报来，就会引起一阵欢呼或叹息。

南方各州自然不会有林肯的票，不过，对奴隶制问题保持中立的州，林肯的得票却相当高。

解放者——林肯

当选总统

下午一点,投票结果终于揭晓!

林肯以最高票当选。这位只当过一次国会议员的乡下律师,终于成为美国第十六任总统。

这天晚上,已经是半夜了,镇上还没有一个人愿意睡觉。大家都拥到庆祝酒会的会场,不断地欢呼,兴奋不已。

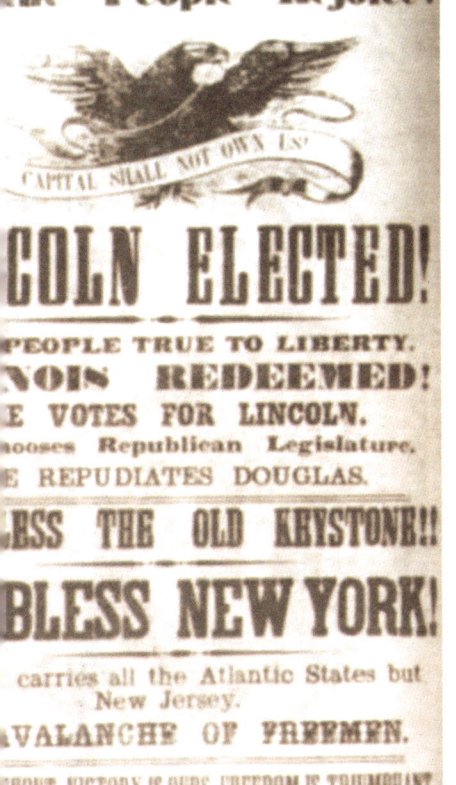

※林肯竞选的海报

出现在庆祝酒会上的玛莉,兴奋地接受大家的祝贺,她那得意的神情,似乎是在说:"我早就知道亚伯会当总统。"

至于林肯本人,他并没有特别的感觉。事实上,一位在小屋里长大的人能够当选总统,是件值得大书特书的事。但是林肯只想到自己在这个时刻成为总统,肩上的责任有多大!

每个投他票的人都会想:"林肯一定能解决纷争已久的奴隶问题。"

从此以后,他真是任重而道远!

林肯当选后,南方很快就发生骚动。先是南卡罗来纳州宣布脱离合众国独立;接着是佐治亚州、阿拉巴马州、密西西比州、路易斯安那州、佛罗里达州、德克萨斯州等六个州同时宣布要和南卡罗来纳州共同组成南方联邦,而且立即招募义勇兵，购买武器。

没过多久，在美国南方的许多联邦政府机构，像邮政局、海关、要塞等，都一一被南方政府接管了。

战争的情势似乎一触即发。

当时的制度是：11月选举总统，次年3月就任，中间有四个月的空当。

南方各州趁着这个机会骚乱。林肯知道这些情形，非常头痛。

1861年2月，林肯一家必须搬到华盛顿去。

每天都有许多事情要处理，首先卖掉了已经住惯的房子，然后结束律师事务所的杂务，晚上还得收拾行李。

林肯每天一回到家便脱去上衣，像个工人，以强而有力的手臂打包、捆扎。

2月12日，正是林肯52岁的生日。

这天早上，林肯一家人坐上马车，来到春田火车站。

从28岁起就一直住在这里，现在要离开了，林肯心中自然依依不舍。

上天似乎也在向他告别，整天细雨霏霏。

火车站上挤满了人，镇上的要人都来了。林肯和他们一一握手道别。

最后，他握住了汉顿的手，说："我不知道要如何感谢你才好，我的工作能顺利进行，完全是靠你的协助，谢谢你！"

林肯说着，眼眶都湿润了。

火车进站，林肯带着玛莉和孩子们，坐上最后一节车厢。这是特地为总统一家准备的。

林肯站在车厢后面的小阳台上，淋着雨，看着那些欢送的人。大家知道他要说话，顷刻之间都安静了下来。

"各位春田镇的朋友：过去二十多年来，我一直活在各位的友

※ 林肯塑像

解放者——林肯

情中。我的孩子,都是在这里出生的,其中一个,已长眠于此。我的心,和这个镇结合在一起。我一直能过着幸福的日子,完全是各位给我的爱护。我现在要离开这个令人怀念的小镇了,必须面对着比当年华盛顿将军所负担的更困难的任务。如果没有神的帮助,我可能无法突破这个难关。请各位帮助我,不要让上帝遗弃我。最后,各位多珍重,祝各位幸福!"

火车的汽笛响了。

大家目送着那消失在雨中的火车。

火车在开往华盛顿的途中,曾在好几个地方停留,使林肯可以听取更多人的意见。他的诚恳和毫不矫饰的个性,给大家留下深刻的印象。

"这个人一定能拯救困难中的美国。"

大家都这么期盼着。

在费城,林肯受到空前的欢迎。在这个美国独立时敲出自由钟声的城市,市民们以无比的热情来欢迎他。从车站到旅馆的路上,都是人山人海的群众。

当晚,林肯在独立纪念堂发表演讲:

"自由和平等,并非只有美国人能享受,我们必须努力,使全世界的人都能享有这项权利,这是我们大家的责任。我为了此事,即使受到屈辱或被杀,也在所不惜!当然,我们必须避免战争,对任何一个国家,兄弟闹翻都是最不幸的事!我希望能保持和平,但如果对方坚持不愿放下武器,我们也不能坐视。"

林肯的心里,早就有了不惜一战的准备。

※ 白宫

暗杀计划

林肯原来预定在费城演讲之后,前往巴尔的摩。

但是他临时接到报告,说途中有人计划暗杀新总统。

想不到尚未就职,就有人想要暗杀他。林肯并不怕死,但是在如此重要的时刻,美国不能没有总统。

于是林肯改变行程,故意搭乘普通列车,直接前往华盛顿。

这个时候,美国上下一片紧张,战争即将来临的气氛已很浓厚。

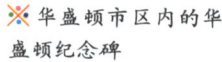
※ 华盛顿市区内的华盛顿纪念碑

解放者——林肯

林肯最担心的便是美国的分裂。他时常在思索：是不是有更好的方法，可以不使美国分裂，又能解决奴隶问题？他的这种态度，常受到激进派人士的攻击。

美国前任总统是詹姆斯·布坎南。

知识链接

詹姆斯·布坎南

任期：1857年3月3日—1861年3月3日
出生：1791年生于宾夕法尼亚
死亡：1867年
所属政党：民主党

※ 詹姆斯·布坎南

詹姆斯·布坎南是此前唯一一位没有结婚的总统。詹姆斯·布坎南，1791年生于宾夕法尼亚州一个富有的家庭。父亲詹姆斯·布坎南在一家店铺里工作。小布坎南是父亲的第二个孩子，父亲把自己的名字给了他。布坎南从狄更斯学院毕业后继续从事律师职业。

他曾五次被推选进入众议院，后在州议会和美国众议院工作，属杰克逊一派的民主党人。1831年任驻俄公使，1834年当选参议员，1845年任国务卿，1853年任英国公使。出任总统前，任公职达四十年，颇有成就。1856年被民主党提名为总统候选人，在竞选中获胜。布坎南出任总统时，正值美国历史上的一个重大关头。当时，南北双方在奴隶制问题上的斗争愈演愈烈。执政后，奴隶制引起的危机日益加深，南北冲突步步升级，国内形势日趋严峻，而民主党四分五裂，他的许多对内对外计划均因国内奴隶制问题的矛盾尖锐化而未得到实现。

詹姆斯·布坎南不谋求连任，民主党内又推举不出像样的候选人，于是，1860年的大选让共和党人林肯赢得。布坎南卸任后回到宾夕法尼亚，退休一个多月后内战爆发，他敦促民主党人支持林肯，因此受到指责。

但是，布坎南也遭到另外一些非议，说他支持南方分裂主义者，为此而吃了一些苦头。曾著书阐述在任后期政府政策以表明他对内战的爆发无责任。

77年里他一直独身，虽然在28岁时曾订婚，但未婚妻在1819年由于过量服用镇静剂而死亡，从此他再没提过订婚或结婚之事，77岁时布坎南病故。

1861年3月4日，总统就职典礼举行。新任总统进行权力交接。华盛顿的警备异常森严。在通往国会大厦的路上，还驻守了军队，以防发生意外。

不过，观礼的群众仍然挤得水泄不通，很多人都从远处赶来。伊利诺伊州也来了不少人，因为他们要看看"我们的亚伯"光荣的这一天。

林肯与前任总统布坎南一起乘着马车，在夹道的欢呼声中抵达国会。

国会前的大阳台上，坐着最高法院、国会以及政府的官员，还有受邀观礼的各国使节、外交官等。

国会前的广场上，则聚集了几万名群众。

这位个子比谁都高的新总统一出现在讲台上，群众的喧哗声立刻停了下来。

林肯将头上的帽子拿下来，但是一看，没有地方可以放，正当他不知如何是好的时候，坐在国会议员席上的一个人伸手过来，接下了帽子。

这个人，就是林肯从青年时代直到现在的政敌，史蒂芬·道格拉斯。

林肯的手放在大法官取出的《圣经》上，宣誓就职。

这是最庄严的一刻。

然后，林肯从口袋里取出了讲稿，开始他的就职演说。

"我现在并无意干涉承认奴隶制的州。"

林肯一开始便表达了他企图以温和的手段解决奴隶问题的想法。

"合众国只能有一个，每个州都不能按照自己的意思脱离合众国。"

这是他坚定的立场。接着，他向南方各州发出呼吁。

"会不会发生内战，完全取决于你们的一念之间。政府绝对无意攻击你们，除非你们先发动攻击，否则，不会有任何战争，无论如何，我都要保护美国的完整，我们不是敌人。"

林肯诚恳地希望避免战争的发生。

解放者——林肯

格兰特将军

里肯避免战争的希望没有实现,1861年4月,南方军队挑起战争。美国内战爆发,史称"南北战争"。

在布鲁兰战役之后一个月,一天早上,林肯看见报上有佛里蒙特向密苏里州发出的布告:

"密苏里州州民中,若有人帮助南方军,将没收其财产,若有人用奴隶,需将之解放。"

林肯看了非常气愤,没有经过总统的许可,怎可擅自发布命令?而且,这次战事的起因,是因为美国南方各州脱离合众国,但是佛里蒙特认为是为了解放黑奴而战。

这个布告如果真的被执行,原来保持中立的蓄奴州,可能会立即加入南方联邦。

※美国内战

为了这件事,林肯虽很信赖佛里蒙特,仍不得不将其免职。

第二年,麦克雷伦辞职了。这样一来,林肯只好亲自担任总司令,发布作战命令。

虽然不是什么大战争,可是在战场上死了不少人。同样是美国人,却如此互相残杀。

※南北战争使黑奴得到解放

林肯觉得很痛苦。

事实上,还有很多令林肯担心的事。因为战争的原因,北方有很多工厂都倒闭了,与外国的贸易也因此开始减少。

南方的情况也差不多,英国因为得不到棉花,希望战争赶快结束,经常供应武器和金钱给南方。

战争拖久了,会带来什么样的结果?林肯自己也不知道。

在这层层的忧虑之中,林肯的内心有了一种转变,那就是佛里蒙特所发的布告。

北方有很多人非常赞成佛里蒙特的做法,大家都认为:我们是为了解放奴隶而与南军作战的。

而林肯原来的想法是:先谋求合众国统一,解决奴隶问题容后再说。

可是现在有了这个理由,隐藏在林肯内心深处的理想,逐渐被唤醒了。

"即使合众国统一,却不能维护自由的精神,那又有什么意义?对了,为了所有人类的自由,必须打仗,这并非是兄弟闹翻,而是为了全人类的自由而战。"

战争继续打下去,林肯的信念也愈来愈坚定,虽然处于困难之中,他的内心已有了奋战到底的决心。

前来参加义勇军的人中,有位年约40岁,名字叫尤里西斯·格兰特(1822—1885)的人,年轻时曾参加过墨西哥战争,表现十分突出。

他的领导能力逐渐在军队里崭露头角,不断地受到上司的赏识,终于,林肯让他指挥大队人马。

格兰特率领的军队纪律严明,连战连捷。

1862年春天,格兰特所率领的部队攻下了南军好几个要塞。这对一直打败仗的北方军队来说,是首次辉煌的战果。于是林肯擢升他为政府军总司令。正如林肯所预期的,格兰特是个了不起的军事人才。在格兰特的指挥下,政府军在东部和中部,都有较好的进展。

解放者——林肯

《解放黑人奴隶宣言》

林肯打算正式向民众宣布他的信念了。他与幕僚们磋商，拟就了一份解放黑奴的预备宣言——黑人应该拥有自由，为了让所有的人一律自由平等，我们要统一合众国。

这是1862年9月22日的事。

正式的宣言，是在次年的1月1日公布的。

不人道的奴隶制终于被林肯总统废止了！

从首次看到奴隶市场以来，这个问题一直盘旋在林肯的脑海中。这项有损人类历史，违反人道的制度，终于被明令禁止。从此以后，再也看不到残

※林肯在战地视察

※ 内阁会议

酷的奴隶市场了！

但是，北方与南方的战争还在继续，如果这场战争无法获胜，解放奴隶的宣言，也就没有意义。因此，这场战争非打赢不可。

虽然北方军队已重振了军势，但是战事却不很顺利。林肯为了鼓舞士气，经常骑马到前线去巡视，年轻的士兵看到总统亲临，都很兴奋。

林肯看到这些年轻的士兵，想到他们不知何时会牺牲在战场上，内心真是痛苦之极。在华盛顿的白宫，可以听到隆隆的炮声，林肯总是忧急地忖度着不知道又战死了多少人！

某天晚上，林肯正在通宵工作，侍卫告诉他有位老妇人来求见。

林肯接见了这位年老的农妇。原来她的儿子是名军人，因为在站岗时打瞌睡，将被判死刑。

"我的儿子是自愿当兵的，他从小就没有父亲，对我很孝顺。一个星期前，他休假回来，不巧我刚好生病，他彻夜不眠地照顾我，然后又回到战场去，结果当晚又轮到他站岗，由于他太疲倦，才会发生打瞌睡的事，他绝不是偷懒……"

农妇说的话，充满了一片慈心。

林肯很受感动，对她说："我想你的儿子是个善良的士兵，我也知道没有一件事比失去儿子更令人伤心了，我会设法帮助你的。"

于是林肯立刻亲自写了封信派人送到前线去，使那位士兵免于遭

解放者——林肯

受死刑。

第二天，林肯还派了一辆马车送那位老妇人返乡。

他说："我不愿意让一位年轻的军人白白地死去。我希望由下一代的青年担负起时代的任务，使得美国更平等，更自由！"

南北战争开始以来，已经进入第三年夏天了。

夏天开始，格兰特将军率领的部队取得了节节胜利，一直攻到了毕克堡。这个要塞濒临密西西比河，对南军来说是一处重要的据点。若是将它攻克下来，对南军的影响极大。

正当格兰特将军率军展开猛烈攻势时，南方的李将军也率领大军直接攻向宾夕法尼亚州。

李将军是美国南方最优秀的军人，他的部下，也都是经过千挑万选的战士。

华盛顿再度陷入危急状态，但格兰特远在毕克堡，来不及召回支援，因此便派密得将军率领八万五千人去迎战。

此时南军已打到盖茨堡，两军在此相遇并展开了激烈的战斗。当时正值深夜，炮声隆隆不绝于耳。天亮时，两军的伤亡都很惨重，战场上横尸遍地，血流成河。

第二天的战火，又一直打到太阳下山。

第三天中午过后，休息了一早上的南军，突然发动猛烈攻势，战场上硝烟弥漫。北军奋不顾身应战，打得天昏地暗。

到了傍晚，两军都已疲惫不堪，无论是南军还是北军，都只剩下一半的人了。

"不能再这样打下去了！"

南军放弃了战斗，开始撤军。北军也无力再战，看到对方已经停火，倒头便躺在战场上睡着了。等到第二天早上睡醒，发现没有一个南军，才知道他们已经全部撤退了。

盖茨堡之役，两军都损失惨重，从此南军的元气大伤。

接着，格兰特将军在毕克堡之战又打了胜仗。

本来已经失望的北方人，这时才放下了心，认为这次战争是赢定了！

这一年的11月19日，政府特地将葛底斯堡战场的一隅辟为殉战烈士墓，举行追悼仪式。

这天天气晴朗，被鲜血染红的战场，铺满了红叶。烈士的家属和北方各州来的人，都聚集在此。

礼炮响过之后，典礼隆重开始。先由合唱团唱诗，接着，由林肯致词：

八十七年前，我们的先辈在这

※南北战争初期的战士

个大陆上建立起一个崭新的国家。这个国家以自由为理想,奉行所有人生来平等的原则。

目前我们正在进行一场伟大的国内战争。对于我们的国家能否长久存在,这次战争是一场考验。现在我们——在这场战争的一个伟大战场上——聚在一起。

我们后来者应该做的,是献身于英雄们曾为之奋斗、努力推进但尚未完成的工作。我们应该献身于他们遗留给我们的伟大事业。我们的先烈已将自己的全部精诚赋予我们的事业,我们应从他们的榜样中汲取更多的精神力量,使他们的鲜血不致白流。在上帝的护佑下,我们的国家将获得自由的新生。我们这个民有、民治、民享的政府将永存于世上。

这是一篇著名的演说。第二天各地的报纸都刊出了这篇演讲词,人们看了,无不为之感动。

不错,民有、民治、民享的政治,才是真正的美国精神。林肯将这个观念深植在人民心中。只要人类的历史延续下去,就必须继承这种精神。林肯为了解放黑奴与南方作战之所以取得胜利,就是因为南方人忽略了这种精神。

由于广大人民的坚决要求和战争发展的迫切需要,林肯政府逐渐

解放者——林肯

采取了一些有力措施。1862年5月20日,林肯签署了《宅地法》。《宅地法》的颁布和实施使西部的移民日渐增多,激发了人民群众对奴隶主作战的积极性,客观上抑制了奴隶制向西部的扩展。

1862年8月4日,林肯第二次发出征集30万军队的命令。这是美国历史上第一次实行义务兵役制,以前征集兵员都是在志愿的基础上进行的。由于战事不利,招募新兵困难重重。一般都是先把所有18—45岁的男子登记造册,然后抓阄进行征兵,然而抗拒和逃避兵役的现象极为普遍。林肯不得不发布公告:凡抗拒征兵者,一律以军法论处,在其被监禁期间,人身保护法一律无效。

经过几次战役,南北双方在军事上互有得失,但总体上看,北方失利较大,政府的信誉日益下降。为了进一步广泛动员群众,加速战争的胜利,林肯总统考虑采取有利于扭转局势的措施。除了颁布《宅地法》以外,林肯又在思考美国历史上最伟大的文献之一——《解放黑人奴隶宣言》。

战争开始两年后,南北战争

※战时口径33厘米的迫击炮"独裁者"

的目的逐渐改变了。最初，林肯是为了维护国家的统一而作战，如果国家不存在，就不能够解决奴隶问题。但是随着战局的进展，林肯发现如不能解决奴隶问题，就无法维护国家的统一。因此，后来就转变成为解放黑奴的战争。

林肯对当时的局势了解得很透彻，认定当时是发表《解放黑人奴隶宣言》的最好时机。

于是，林肯在深夜里动手起草宣言，经过好几个晚上的修改，才写好稿子。一天，他和国务卿西华德、海军部长威尔斯三个人在一起，告诉他们自己在反复考虑之后得出的一个结论：从军事方面来说，如果不解放奴隶，就有可能被敌人征服；要挽救国家的危机，就得立即下令释放奴隶。

不久，林肯召开紧急会议，宣读了自己起草的《解放黑人奴隶宣言》。内阁成员们听后极为诧异，他们当中没有一个人知道总统是在什么时候独自准备了这篇宣言。他们静静地倾听着。

林肯读完以后就征求大家的意见。战争部长史丹顿是废除奴隶制的急先锋，第一个抢着发言，表示这是他早就提出过的主张，对此毫无异议。

邮电部长认为，这个问题必须经过慎重考虑。在现阶段发表这样的宣言，不仅会在国内引起许多反对的议论，而且对于下年度的总统选举也会产生不良影响。

内阁成员们逐一发表了意见。林肯默默地听着。当所有人都表达了自己的看法后，林肯总结说，如果不解放奴隶而能保持国家的存在，就不解放奴隶；如果通过把奴隶全部解放，可以维护国家的统一，那么解放奴隶就是必需的。因为这场战争最后的目的就是国家的统一。

林肯略微停顿了一下，又接着说下去，用缓慢而坚定的语气表达了自己的决心：现在已经不是议论解放奴隶的好处和坏处的时候了。战争现在已经到了一个关键的时刻，美利坚合众国如果不解放奴隶，就已经到了无法团结的地步。所以现在商量的，并不是这篇宣言是否应该公之于世的问题；而是请各位看看这篇宣言的内容上是否有不妥的地方。

大家看到林肯的主意已定，在解放奴隶的问题上已经没有多大商量的余地。于是，国务卿西华德提出，现在公布这篇宣言的时机不太合适。因为联邦军队的形势正处于一路退却的不利状态。人们会认为这是我们的最后一张王牌了，这对

解放者——林肯

于鼓舞我们的士气非常不利,甚至会起到反作用。他建议等前方胜利以后再发表,那样从军事上和道义上都会取得较好的效果。

林肯同意了,把这篇宣言锁到抽屉里,等待前方有胜利的消息传来。在当时的环境下,发表解放黑人奴隶的宣言无疑要冒很大的风险,林肯对他的朋友说:"解决奴隶制的时机到来时,我确信一定会尽我的职责,哪怕付出我的生命也在所不惜。"

一天,林肯在休养所附近看到许多的伤员,心里非常难过。有人安慰他不必这样难受,胜利就在眼前。林肯叹气说:"胜利是肯定会来到的,不过来得太慢了。"

9月中旬,前方传来胜利战报,麦克雷伦终于在一场战役中击溃了李将军。当天,林肯就在白宫召集内阁会议,认为当时是发表《解放黑人奴隶宣言》的合适时机了。

有人仍然在犹豫,担心这个宣言的发表将会给南方人民带来惨重的灾难,许多人可能会因此而死于非命。

林肯语调沉痛地对各位说,历史是无法逃避的,现在必须勇敢地挽救这世界上的最大希望,不让这个希望消失下去。路只有一条,林肯请求大家赞成他的主张,把自由还给奴隶,这是自由人应该遵守的权利和义务。

1862年9月22日,伟大的《解放黑人奴隶宣言》发表了。

这一天,许多人都来向林肯祝贺,白宫门口车水马龙,非常热闹。黑人们也成群结队地聚集在白宫门前,但是他们还是有些迟疑,不敢进入白宫去,只是挤在别人后面站在那里。正巧,林肯看见了那群黑人,便大踏步走到那些黑人身边去,高兴地伸出手来和大家握手。

多少年来压在心头的悲痛和当天的高兴,一起涌现在这些忠厚的黑人们的脸上!他们实在太高兴了,先是高声大笑,最后终于放声痛哭起来!他们纷纷祈祷:"愿上帝保佑你,上帝降福给亚伯拉罕·林肯!"

1863年的1月1日,《解放黑人奴隶宣言》将在总统签字后开始生效。

这天,白宫里又挤满了道贺的嘉宾。下午3时,国务卿西华德拿着那篇宣言走进总统办公室。林肯说:"我的一生中再没有别的事情让我像在这份宣言上签字时那样充满着骄傲与自信。我的名字如果能够永恒地留给后世,恐怕就是因为这份宣言吧。"

细致的林肯还想到,由于从上午起就一直在接见客人,频繁地握手使自己的手臂僵硬麻木,如果自己的手在签字时发抖,那么留下的笔迹就会是歪斜的,说不定后人看了会以为自己在解放奴隶的问题上犹豫不决呢。因此，林肯就在文件上慢慢地签下了字迹流畅而清晰的"亚伯拉罕·林肯"。

最高兴的莫过于那些黑人奴隶了，他们一遍遍地读着文件："为人占有而做奴隶的人们都应在那时及以后永远获得自由；合众国政府行政部门，包括海陆军当局，将承认并保障这些人的自由。"

《解放黑人奴隶宣言》作为一份历史性文件发表之后，立即成了有巨大轰动效应的新闻，通过各种媒体和书信，这份《解放黑人奴隶宣言》传遍了全世界，成为亿万人的关注焦点。

知识链接

《解放奴隶宣言》

《解放黑人奴隶宣言》是美国总统林肯于1862年9月22日颁布的。1863年1月1日又正式命令解放奴隶。黑人没有得到政治权利，也没有得到土地，但《解放黑人奴隶宣言》表明林肯政府已从限制奴隶制转变为完全废除奴隶制，把战争放到新的基础上。

1862年9月22日，美国总统林肯发出宣言，其内容如下：

1863年1月1日起，凡当地人民尚在反抗合众国的任何一州之内，或一州的指明地区之内，为人占有而做奴隶的人们都应在那时及以后永远获得自由；合众国政府行政部门，包括海陆军当局，将承认并保障这些人的自由，当他们或他们之中的任何人为自己的自由而做任何努力时，绝不压制他们的行为。

政府的行政部门将于上述的1月1日，以公告宣布哪些州或哪些州的哪些地区的人民当时尚在反抗合众国。在那一天任何一州或其人民以大多数合法选举人参加选举出来的代表参加合众国国会，同时没有强有力的反证时，这种事实就是该州及其人民没有反抗合众国的确实证据。

所以现在我，合众国总统亚伯拉罕·林肯，以在反抗合众国政府当局的武装叛变时期被授权为合众国海陆军总司令的职权，作为一个适当的、必需的战略措施以便镇压上述叛变，特于1863年1月1日，从上面第一次所说之日起至今足足一百天的期间，根据这样的目的公开宣布现在反对合众国者有如下诸州及某些州的下列地区及其人民：

解放者——林肯

知识链接

　　阿肯色、德克萨斯、路易斯安那（除去圣伯尔拿、普拉奎明、哲斐孙、圣约翰、圣查理、圣詹姆士、亚森湘、亚森普欣、得里保恩、拉伐什、圣马利、圣马丁以及奥尔良等郡，包括新奥尔良城在内）、密西西比、亚拉巴马、佛罗里达、佐治亚、南卡罗来纳、北卡罗来纳和弗吉尼亚（除去西弗吉尼亚四十八个郡以及柏克立、阿康玛克、诺珊普顿、依利萨伯、约克、诺福克等郡，包括诺福克和朴次茅斯两城在内）。至于此等除外地区，现仍维持本宣言发布前的原状。

　　根据上述目的及我享有之权力，我正式命令并宣布，在上述诸州以及某些州的上述地区以内，所有作为奴隶的人现在和今后永远获得自由；合众国政府，包括海陆军当局在内，将承认并保证上述人们的自由。

　　我在此责成上述宣告获得自由之人员，除必须之自卫，不得有违法行为；同时劝告他们，在任何情况下，他们应该忠实工作，取得合理的薪金。

　　我还要宣布周知，上述人员如条件符合，可参加合众国的军事工作，驻守炮台、阵地、卫戍区域以及其他地区，以及在军舰上服役。

　　我真诚地相信这是一个正义的举动，此行动由于军事之必需，为宪法所认可。我要求人类判断此行动时予以谅解，请求全能上帝慈悲赐福。

　　作为证明，我署名于此并加盖合众国国玺。

　　于华盛顿，1863年1月1日

　　合众国独立第87周年

　　亚伯拉罕·林肯

　　威廉·西华德（国务卿）

他属于一切时代

华盛顿全市充满了欢欣,不管是白天还是晚上,每天都有乐队领头的游行队伍到白宫来。每一列火车进站,都有无数举着小旗子的外州人,这些人一路上欢呼着走向白宫,向林肯致意。林肯每天都要到阳台上挥手答礼好几次。

要迎接从战场荣归的士兵,火车站内更是挤得水泄不通。

1865年4月14日下午,白宫正在举行幕僚会议时,格兰特将军回来了,会议变成了欢迎会。

※玛莉与两个儿子

林肯一见到格兰特,便紧紧地握住了他的手。

"谢谢你!"

"哪里……"

他们两人只说了这两句话。在南北战争期间最辛苦的两个人,彼此最为了解,无需多说什么。

之后,林肯带着玛莉坐马车到郊外去。

自从来到华盛顿之后,这是他们夫妇两个第一次单独出游。在春光明媚的郊外,两个人谈了很多,提起了肯塔基州、伊利诺伊州、春田镇上的亲朋故旧,尤其是好朋友汉顿……令

※ 福特剧院

他们怀念的事太多了！最后他们谈到了两个孩子的教育问题。

五年以来，林肯现在才像个父亲。

"我们还要在华盛顿住四年。"

林肯想要趁这段时间，好好重享天伦之乐。

"这四年中，我想到伦敦、巴黎去旅行。"玛莉说。

"四年很快就会过去，然后我们再回到伊利诺伊州去，过平静的生活，我再回去做律师，为农民服务……"

他们回到白宫，已是黄昏时分。夫妻俩和劳勃特、汤玛斯两个孩子吃了顿愉快的晚餐。

当晚，玛莉想到福特剧场去看戏，林肯觉得很疲倦，但是拗不过玛莉，只好陪她去。剧场就在白宫附近，两个人带着拉斯文少校，徒步走向剧场。

他们入场时，戏剧已经开始。场内观众客满，有许多市民和退伍的士兵。

当总统夫妇出现在二楼的观众席时，大家都热烈鼓掌以示欢迎。舞台上的演员也暂停演戏，跟着鼓掌致敬。

以后的两小时中，林肯和玛莉聚精会神地看戏，忘记了一切。没有人发现，正有一个人鬼鬼祟祟地接近林肯。

※林肯在福特剧院被刺杀

这是一个留着长发的年轻人，他掏出了手枪，从背后瞄准了林肯的头部……

"砰！"

林肯的身体往前晃了一下，滑落在椅子下。

拉斯文少校立刻跳起来追那个凶手，但是凶手取出小刀，挣脱了拉斯文少校的追赶，从二楼的窗户跳下，正好跳在他早就预备好的马背上，在黑暗中跑掉了。

这是南方来的人，特地来刺杀总统的。

"总统遇刺了！"

"总统遇刺了！"

剧场内一阵骚动。大家七手八脚把林肯抬到剧院对面的房内。医生立刻赶来，可是子弹已经穿入脑部，无法挽救了！

"亚伯……亚伯……"

玛莉哭得死去活来，频频呼唤着林肯的名字。

但是林肯动也不动地躺着，只剩下微弱的呼吸。两个孩子，劳勃特和汤玛斯，以及政府官员全都赶来了，林肯在这些人的守护之下，第二天早上停止了呼吸。

国务卿西华德也在同一个时候遇刺。西华德较为幸运，他虽然受了重伤，但是保住了性命。

这天是1865年4月15日，亚伯拉罕·林肯享年56岁。

当噩耗传来时，全国都陷入了

解放者——林肯

悲痛之中。

即使是反对林肯的人，也都对这位支撑着美国大地的伟人之死感到惋惜。

伊利诺伊州开拓地的每个农民，个个伤心流泪，那些由林肯赐给他们自由的黑人，更是呼天抢地，痛哭不已。

林肯的尸体在玛莉和两个孩子的护送下，运回春田。5月4日那天，安葬在林肯经常去散步的丘陵上。这个地方，正是他死去的次子的墓地。林肯的一生，就此落幕了！

在肯塔基森林中出生的林肯，具有大自然一般的个性，从不说谎骗人。他爱自由、和平，也爱所有的人，在他人生的最后几年，全力贡献于黑人奴隶解放运动，为维护正义而心力交瘁。

自由平等，是美国建国时的理想，林肯为了不使这个理想从美国消失，努力开出一条美利坚合众国所应走的路。

林肯逝世后，几乎所有的都市和乡村都响起了哀鸣的丧钟，处处都挂满了黑纱与黑色的饰物。沉浸在悲哀之中的人们从四面八方赶来瞻仰林肯的遗容。

5月4日，林肯的灵柩由华盛顿送到他的家乡伊利诺伊州斯普林菲尔德的橡树岭公墓安葬。路线正是四年零两个月前林肯赴任时所走过的道路，沿途各站都站满了悲痛、哀悼的人群。人们将永远怀念他一生的光辉。

在全国人民的哀悼声中，亚伯拉罕·林肯走完了他的一生。他是美国伟大的民主主义政治家。他出身于社会底层，具有勤劳、俭朴、谦虚和诚恳的品格。在国家危难之时他担当一国之主，为美国的发展流尽最后一滴血。在任职期间，由于各种反动势力的影响，他在政策上有过踌躇和动摇，但在人民群众的支持和推动下，能够顺应历史潮流，最终签署了著名的《解放黑人奴隶宣言》，解决了当时美国社会经济、政治生活中存在的主要矛盾。在四年内战中，领导联邦政府同南部农场奴隶主进行了坚决的斗争，维护了国家统一，有力地推动了美国社会的发展。

全美国以至全世界都对林肯给予了高度的评价。有人说，他是"历史的奇迹"；有人认为，他是"新时代的国家统治者的楷模"。林肯的故事开始在全世界广泛传播。俄国作家列夫·托尔斯泰说，林肯由于具有独特的精神力量和伟大的人格而成为世界人民心目中的传奇人物。他的地位相当于音乐中的贝多芬、诗歌中的但丁、绘画中的拉斐尔和人生哲学中的基督。

※林肯塑像

马克思认为,林肯"是一个不会被困难所吓倒,不会为成功所迷惑的人;他不屈不挠地迈向自己的伟大目标,从不轻举妄动;他稳步向前,从不后退;他既不因人民的热烈拥护而冲昏头脑,也不因人民的情绪低落而灰心丧气;他用仁慈心灵的光辉缓和严峻的形势,用幽默的微笑照亮为自由所蒙蔽的事态;他谦虚地、质朴地进行自己伟大的工作,决不像那些天生的统治者们那样做一点点小事就大吹大擂。总之,他是一位达到了伟大境界而仍然保持自己优良品质的罕有的伟人。这位出类拔萃和道德高尚的人竟是那样谦虚,以致只有在他成为殉难者倒下之后,全世界才发现他是一位英雄"。

林肯曾说过:"我们无法逃避历史的公论。不管我们是否愿意,后世的人将不会忘记我们。不管我们地位是否重要,谁也逃不了责任。严格的历史裁判将决定我们千秋万世的声誉:是光荣还是耻辱。"事实证明了林肯的名言。

正是因为有了林肯,美国的黑人奴隶才得到了解放;正是因为有了林肯,美国作为一个统一的联邦制国家才得以延续;正是因为有了林肯,才有了现在这个繁荣强大的世界第一强国。

他的成就像一座灯塔,不仅照亮了美国,也引导着全人类。